実践
創造型マーケティング
顧客志向から社会創り志向への転換

(学)産業能率大学総合研究所
マーケティング研究プロジェクト 編著

はじめに

　これまでのビジネスの多くは、すでに企業で行われた活動と結果を分析し、そこから成功に通じる一般的な論理を築き、それを各企業が学び・実践するものであった。しかし、昨今の環境変化の著しさのために、過去の経験則の陳腐化が早まってきており、またグローバルに政治経済の様相が急変する中で、それが通用しない状況が生まれている。

　このような環境を踏まえ、本書は、これからのマーケティングに必要な"行うべき思考と行動の枠組み"を実務レベルで具体的に提言するものである。より根拠ある提言とするために、時代の大きなうねりから生ずる社会構造と思考様式の変化に言及し、そこから今日の社会がマーケティングに求めている要件を明らかにする。

　時代が大きく変化する中で本書が目指すところは、これまでにない魅力的な市場を創ることにある。そのためには、グローバルに「人類の幸福」を追求することが根底になければならない。世界のすべての人びとが継続的に幸福を享受できる社会を実現しようとするならば、多くの困難を乗り越えなければならないだろう。その克服のための努力を正しいビジネスとして成立させることが、魅力的な市場を創造する意味である。結果として「顧客の想像を超えた価値」をも創造することが可能になる。このように、本書のテーマの1つは「創造型マーケティング」である。

　もう1つのテーマは「実践マネジメント」である。新しい市場を創造するマーケティングや社会貢献をコンセプトとする新たなマーケティングには、これまでと異なるマネジメントが必要とされる。

創造型マーケティングや実践マネジメントについて、現在までに何冊かの書籍が出版され、学究的な思考からより現実的な示唆へと議論が変わってきている状況にある。しかしまだ、ビジネスの現場と新しいマーケティングの研究の間には、ギャップが存在している。
　そのために本書では、次の4つの問いに答えることにより、このギャップを埋めることを目指している。

①創造型のアプローチの必要性は感じるが、具体的に、何をどう考え、どのように行えばよいのか。
②社員も社風も創造的とはいえない組織において、どうモチベーションの向上を目指すのか。
③創造というとアイディア発想が主な手段となるイメージがあるが、より論理的で、説明責任が果たせるようなアプローチはとれないのか。
④創造型のアプローチは、当然蓋然性が高くなるが、成功の確実性を高めることができるのか。

　先日訪問した企業で、技術部門から企画部門へ配属になったばかりのマネジャーと話をした際に、このマネジャーは初めてマーケティングに触れたことがわかった。これは決して例外的なことではない。技術や製造部門には、まったくマーケティングを学んだことのない人も多い。そのため本書では、初めてマーケティングに触れる読者にも理解しやすいように、マーケティングが生まれた時代背景から説明をスタートさせている。
　本書の内容について概要を述べておこう。

はじめに

● 第Ⅰ部「創造型マーケティングが生まれる背景」

　第1章「モノ不足の時代と分析思考」では、モノ不足の時代に分析思考が重視されてきた背景をわかりやすく説明する。併せて思考と社会構造の関係にも言及する。

　第2章「顧客志向と分析思考の進展」では、従来のマーケティングがどのように発展してきたのか、なぜ今、新しいマーケティングのあり方が議論されているのかを確認する。初めてマーケティングに触れる読者にもスムーズに読み進められるように、わかりやすい歴史的な事柄を題材にして、大まかな流れが理解できるように心がけた。

　第3章の「社会創り志向と創造思考」では、第1章と第2章の流れを受けて、どのような社会的変化と社会の要請によって新しいマーケティングが必要とされたのかについて説明している。マーケティング自体もその時代のニーズに応えて変化してくるのである。

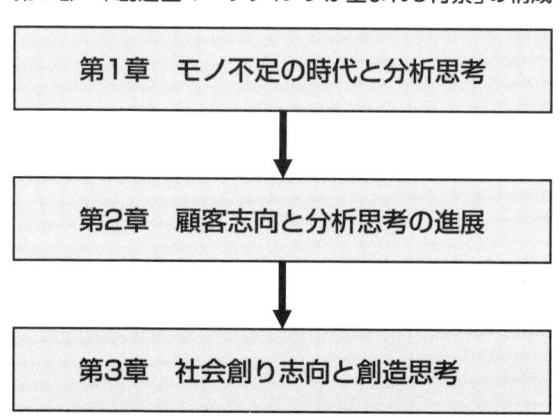

第Ⅰ部 「創造型マーケティングが生まれる背景」の構成

●第Ⅱ部「創造型マーケティングの考え方と進め方」

　第4章の「創造型マーケティングの基本構造」では、第3章で述べた社会変化と社会の要請に応えるために、創造型のマーケティングがどのような要件とメカニズムを有すべきかを描き出す。

　第5章から第8章までは、第4章で示す創造型マーケティングの構造とメカニズムをもとに、マネジメントの現場でどのように思考し、行動するべきかについて各ステージを提示している。第5章では、マーケティング活動の土台づくりとして、個人のマインドの醸成からスタートする。これからの時代において、自立した個人の存在が決定的な重要性をもつからである。これはマーケティングにおいても同様である。第6章以降は、創造型マーケティングへの組織的取り組みである。そこでは競争優位を念頭に置いた戦略的なマーケティングの進め方を示す。

　また、組織が多様化する時代において、成功した企業と同じような取り組みをしても必ずしもうまくいくとは限らない。各組織を取り巻く外部環境や組織体質などを十分に考慮したうえで、取り組み内容に独自の創意工夫を凝らすことが求められる。

　本書を主体的に活用していただくことで、各組織が成果を上げることに繋がれば、このうえなく幸いである。

　最後に、本書の刊行にご尽力いただいたすべての方々に謝意を表し、厚く御礼申し上げる次第である。

第Ⅱ部 「創造型マーケティングの考え方と進め方」の構成

第4章　創造型マーケティングの基本構造

第5章　創造型マーケティングの具体的な進め方（1）
個人マインドの醸成

↓

第6章　創造型マーケティングの具体的な進め方（2）
経営理念と環境洞察

↓

第7章　創造型マーケティングの具体的な進め方（3）
ミッション、ビジョン、モデルの創造

↓

第8章　創造型マーケティングの具体的な進め方（4）
ビジネス・モデルの構築と学習

もくじ

はじめに

第Ⅰ部　創造型マーケティングが生まれる背景 —— 1

第1章　モノ不足の時代と分析思考 ……………… 3

第1節　モノ不足の時代と思考様式　4
1. モノづくりが生活を豊かにする　4
2. モノづくりの思考様式　6
3. 分析思考のプロセスとは　7

第2節　モノ不足の時代の社会構造　9
1. 「科学的管理法」と分析思考　9
2. フォードの生産体制とピラミッド型構造　11
3. ピラミッド型構造の特性　13

第2章　顧客志向と分析思考の進展 ……………… 15

第1節　モノ余りの時代に向けた消費の変化　16
1. アメリカ合衆国の変化　16
2. 日本の変化　18

第2節　分析思考の進展と視点の変化　20
1. 分析思考の進展　20
2. 分析思考とマーケティング　21

第3節　マーケティングの変遷と視点の変化　24
1. 生産志向のマーケティング　24

2. 販売志向のマーケティング　25
　　　3. 顧客志向のマーケティング　25
　　　4. 「顧客志向」の成熟化と「社会志向」のマーケティング　26

第3章　社会創り志向と創造思考　29
第1節　分析思考から創造思考へ　30
　　　1. 分析型問題解決と創造型問題解決　30
　　　2. 問題解決と動機づけの理論の関係　32

第2節　ピラミッド型構造からの移行　35
　　　1. 「創造性」へのニーズ　35
　　　2. 「多様性」と「著しい変化」へのニーズ　36
　　　3. ネットワーク型社会の出現　37

第3節　顧客志向・社会志向から社会創り志向へ　39
　　　1. 行政における変化　39
　　　2. 民間企業における変化　40
　　　3. 社会創り志向の時代へ　41

第Ⅱ部　創造型マーケティングの考え方と進め方　45

第4章　創造型マーケティングの基本構造　47
第1節　ネットワーク型社会と思考のあり方　48
　　　1. ネットワーク型社会とシステム特性　48
　　　2. 個人による創造マインドの醸成　49
　　　3. チーム型組織による創造モデル　52

第2節　企業間のマーケティング・モデル　57
　　　1. ネットワーク内のマーケティング・モデル　57
　　　2. 協働と競争の考え方　60

3．社会創り志向に向けたネットワーク形成　　64
　　4．ネットワーク間競争　　66
　　5．創造型マーケティングの思考プロセス　　68
　　6．商品企画の考え方　　69
　　7．学習について　　72
　　8．「社会創り志向」の要件　　73

第5章　創造型マーケティングの具体的な進め方（1）個人マインドの醸成　　75

第1節　個人からネットワークづくりへ　　76
　　1．個人の自立とマインドづくり　　76
　　2．創造性の発揮に向けた環境づくり　　77

第2節　個人のマインドづくりの進め方　　78
　　1．現状の洞察を行う　　78
　　2．ミッション、ビジョン、仕事の枠組みの創造　　83

第3節　ネットワークづくりと学習　　89
　　1．ネットワークづくり　　89
　　2．学習とスキル・志向性　　90

第6章　創造型マーケティングの具体的な進め方（2）経営理念と環境洞察　　93

第1節　経営理念の理解　　94
　　1．最初に経営理念ありき　　94
　　2．経営理念を具体的に解釈する　　94
　　3．成長の源泉を読み取る　　97

第2節　経営環境を把握する　　101
　　1．システムとしてとらえる　　101
　　2．ビジネス・ダイアグラム　　102

        3. 経営環境の描写例　*102*

    第3節　土台となるビジネス・モデルを特定する　*105*
        1. 戦略視点からの検証　*105*
        2. 将来の事業を生み出す部分モデルの切り出し　*122*

第7章　創造型マーケティングの具体的な進め方（3）
　　　　ミッション、ビジョン、モデルの創造　‥‥‥*125*

    第1節　ミッションの創造　*126*
        1. 時代を先取りする　*126*
        2. 目的を上げる際の留意点　*128*
        3. ミッションの特定　*129*

    第2節　ビジョンの設定　*132*
        1. 究極の社会ビジョン　*132*
        2. ビジョンを描く　*133*

    第3節　社会創りのモデルを構築する　*139*
        1. ビジネス・モデルを考える　*139*
        2. バランス・スコアカード　*141*
        3. 創造型マーケティングにおける「全体構造図」　*143*

    第4節　ビジネス・モデルの機能モデルを構築する　*147*
        1. 機能モデルの構築　*147*
        2. 機能モデルの具体化に向けたプロセス　*151*
        3. 創造型マーケティングにおける3つのビジネス・モデル　*152*

第8章　創造型マーケティングの具体的な進め方（4）
　　　　ビジネス・モデルの構築と学習　‥‥‥‥‥*155*

    第1節　協働を進める　*156*
        1. モデルを現実に導入する際の留意点　*156*

2. 協働に向けて　　157

第2節　戦略性の検討　159
　　1. ネットワーク内外の競争バランス　　159
　　2. ミッション・モデル・マトリクス　　163
　　3. ビジネス・モデルのライフサイクル　　166
　　4. フレキシブルSWOT　　170

第3節　ビジネス・モデルの完成　174
　　1. 戦略性の付与　　174
　　2. 戦略を実現するための機能　　174
　　3. 機能モデルへの戦略性の付与　　177
　　4. 時系列モデル　　178
　　5. 具体化モデル　　181
　　6. 3つのモデルをフィードバックさせて完成度を高める　　187

第4節　商品企画　188
　　1. 顧客との協働による商品企画　　188
　　2. 顧客と協働関係をもたない商品企画　　190
　　3. 現実的な対応　　190

第5節　学　習　193
　　1. 学習の機会　　193
　　2. 組織学習を行ううえでの留意点　　193
　　3. 学習上の留意点への対応　　195
　　4. 各学習機会での視点　　198
　　5. 比較のプロセスを導入する　　202

参考文献　　204

索　引　　205

第Ⅰ部

創造型マーケティングが生まれる背景

●第Ⅰ部の構成●

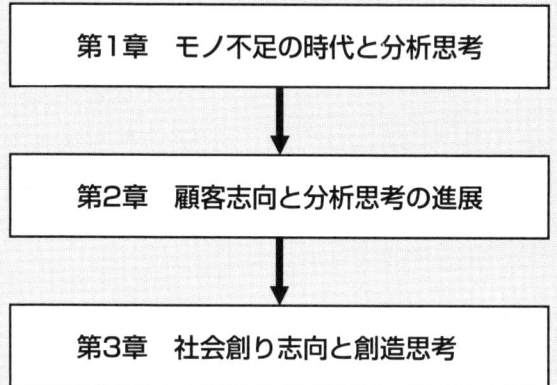

第1章

モノ不足の時代と分析思考

モノ不足の時代におけるモノづくりが分析思考とピラミッド型構造を築き、従来のマーケティング思想のもとになった。

第1章　モノ不足の時代と分析思考
↓
第2章　顧客志向と分析思考の進展
↓
第3章　社会創り志向と創造思考

第1節 モノ不足の時代と思考様式

1. モノづくりが生活を豊かにする

　現在の日本には、モノ不足を経験した世代とモノ不足が解消された後の世代が存在している。職場で確認をしてみると驚くことがある。生まれたときに洗濯機、掃除機、冷蔵庫、炊飯器や扇風機などの家電製品がひとつも揃っていなかった人、揃いつつあった時代に生まれた人、そしてすべて揃った後に生まれた人が存在していることである。当然、生まれたときに家電製品がすべて揃っていた人の比率が年々増え続けている。

　家電製品がひとつもない時代に生まれた世代にとって、家電製品がすべて揃った後に生まれ育った世代の感覚を理解することは簡単なことではない。またそれ以上に、若い世代にとって、家電製品のない生活をイメージすることは難しい。生まれたときから家電製品に囲まれた環境で生活しているため、その環境を当然のことと思うからである。この感覚の違いは、思考様式に影響を与えている。

　家電製品のない時代の生活を想像してみよう。朝は、早くからハタキで高いところの塵をたたき、落ちた塵やゴミをほうきで集める。それでも細かい塵は残るから雑巾がけをする。朝食の支度は、大勢の家族のために、重い釜に米を入れ、冬には冷たい水で米をとぎ、米と水でさらに重くなった釜をかまどに乗せる。洗濯は、洗濯板を使って服を1枚ずつ力を込めて汚れを揉みだし、冷たい水ですすぎ、水気を切るために絞りあげる。

　考えただけでも体が痛むような大仕事である。現在のように、「忙

しいから今日の食事は電子レンジで"チン"と簡単に済ませましょう」とはいかなかったのである。人類が地球上に生まれて以来、家電製品が家庭に普及するまで、このようなモノ不足の時代は、数十万年続いた。しかし、その後道具が発明され普及することにより、生活は楽になり便利になっていったのである。

　モノの発明とモノづくりは、体の負担を軽減させることに役に立った。モノは体が行う動作を代替してくれ、不便から便利へと移行し、負担の大きい作業から体を解放させてくれる。モノが普及することによって、生活が徐々に楽になっていったのである。それは余暇を生み出し、豊かな生活感覚を醸し出してくれる。その変化自体はすべての人にとって歓迎されるので、モノを発明する人やモノづくりをする人は尊敬された。より優れたモノを発明する考え方や上手なモノづくりの考え方が尊重されるのは当然である。

　一方、便利であるということは、人間の感覚にかかわる問題である。たとえば、頭をぶつければ痛いと感じ、高温のものに触れれば熱いと感じる。これはすべての人に共通する感覚である。よって、便利という価値を提供するモノは、大量生産・大量販売に適し、それが可能であるという特徴をもっている。

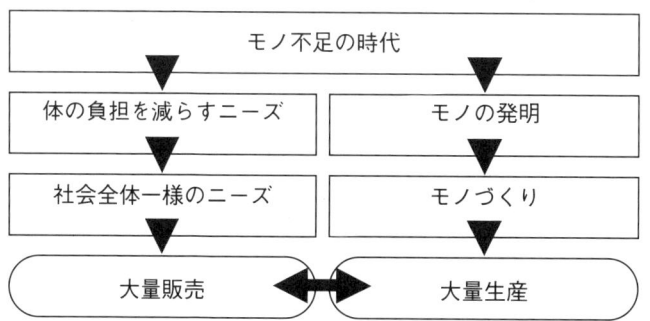

■図表1-1　モノ不足と大量生産・大量販売

2．モノづくりの思考様式

　モノづくりの考え方とは、どのようなプロセスをもつものであろうか。この世の中に存在する森羅万象は、必ず自然の摂理にかなっていなければ出現することはない。自然界のものでも、人がつくるものでも、必ず自然の摂理に従って世の中に形を成す。つまりモノづくりの考え方とは、自然の摂理にうまく沿うことであり、その結果、人の目的をかなえることができるのである。

　しかし、この世の中のどのような天才的科学者やエンジニアであっても、自然の摂理を変化させたり創造したりすることはできない。すでに存在している物質やエネルギーなどにかかわる自然の摂理を発見し、これに従って組み合わせをうまく考えることしかできない。すべてのものは、細かく見れば分子さらには原子からできているが、その原子は地球が生まれた時点ですでに存在していた。そしてそれらの原子が組み合わさって分子を構成しているわけだが、この組み合わせは、自然の法則に沿ったものしかできないのである。

　組み合わせるためには、物質を多く知っていることが有利である。古代ならば、物質といっても、自然界にそのままの形で存在する岩や土を砕いたり、練ったり、草木を切って、それらを組み合わせ、役に立つモノづくりが行われていたわけである。

　しかし、自然界に形として存在する物質の組み合わせだけでは限度がある。よって、より多くの物質を手に入れるために、細かくその構成要素を見いだしていくことになる。分子を見つけだし、さらに細かく要素を分解して原子を見つけることが必要になってくる。それらの性質を解析して、可能な組み合わせを発見して化学物質がつくられてきた。そして我々の身の回りには、自然界では存在しなかったものが出現してきたのである。

さらに、原子を分解していくと、陽子と電子の存在が明らかになってくる。それらの性質をうまく用いて、電気・電子機器がつくりだされたのである。現在では、さらに小さい素粒子へと研究が進められている。

このように、細かい要素へと分解・解析し、問題となる要素を入れ替えることで、問題を解決しながら科学や技術が進歩してきた。このような考え方を「要素還元主義」と呼び、いわゆる「分析思考」などとも呼ばれるものである。モノ不足の時代には、分析思考が人々の生活を楽にして幸福に近づけてくれる考え方として支持を得ていたのである。

それでは、このような分析思考は、どのようなプロセスを経るのであろうか。それは、我々がよく使い馴染んでいる思考経路である。

3. 分析思考のプロセスとは

現在の社会生活において、多くの電子機器が家庭の中に入ってきている。その中でも、電波を発する携帯電話などの無線機器や、デジタル信号を扱うパソコンのような情報通信機器が増えており、我々は日常それらと接している。近年は電波や信号が高周波領域へとその活用が進んでおり、それに伴い電波障害や電磁波障害が問題視されるようになってきた。また、ノイズによる電子部品の誤作動は、機器の小型化にとって大きな障害となっている。

このような問題に対処するために、問題を細かく分類し、その原因を解明している。実際に、電流の伝達経路による分類、電波が放射される部位による分類、高周波電流の種類による分類がなされ、それをさらに細かく分類している。そして分類された問題ごとに原因を解明して対策がとられることになる。我々の身の回りの電子機

器の多くが、このようにして開発・改善され進歩を遂げている。このような考え方も分析思考であり、そのプロセスは、図表1-2のように表すことができる。これは、典型的な分析思考のプロセスである。

このように、モノづくりは分析思考によって我々の身の回りで進歩を続けている。

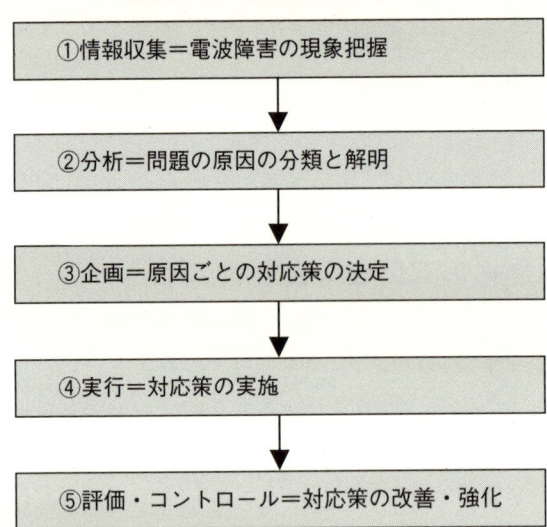

■図表1-2　分析思考のプロセス

第2節 モノ不足の時代の社会構造

1.「科学的管理法」と分析思考

　モノづくりをうまく進めるためには、科学や技術にかかわる思考プロセスのみならず、製造をどのように行うのかも重要な課題である。それは、効率的に作業を進めるための組織構造であり、能率を向上させるための作業の組み立て方のことである。

　このような課題に対する取り組みを、分析思考を用いて体系化したのが「科学的管理法の父」と呼ばれるフレデリック・W・テーラーである。その著書『科学的管理法』(上野陽一訳編、1969年、産業能率大学出版部)によって経営学が成立したといっても過言ではない。日本における合理的・体系的なビジネス・コンサルティングも、ここを起源としてスタートしたのである。

　テーラーは、作業能率を向上させることで、高い賃金と低いコストを実現することを目的とした科学的管理の必要性を主張した。そして科学的管理を行うためには、労働者の1日の標準作業量である課業を設定し、作業するための諸条件を標準化した。また、賃金が課業の達成具合で変わる差別的出来高払制度を採用することが必要であると考えた。

　具体的には、課業設定のために作業研究と動作研究を行った。作業研究では、労働者の作業を要素ごとに分解し、その作業要素を行うための標準時間を設定する。動作研究では、作業の基本動作を分析し、不必要な動作を取り除き、必要な動作だけで標準的な動作を組み立てたのである。

また労働者が作業を標準化するため、労働者の使用する工具や環境などの諸条件を標準化した。これによって、熟練工も未熟練工も関係なく同条件で働かせるようにする「唯一最善の作業方法」を確立し、それを労働者全員に習得させ作業能率を向上させたのである。このようにして分析と標準化が進められ、誰にでも能率的な作業を可能にしたのである。

併せて、課業管理を実践するための組織として、職能別職長制度を採用した。この制度も仕事をできる限り分業化し、専門化するという考え方に基づいている。特にマネジメントと作業を分離させて、マネジメントは職長が、作業は労働者が行うことで仕事の能率向上を図った。

以上のような管理法を「科学的管理法」または「テーラーリズム」と呼ぶ。現在でも形を変えながらも、モノづくりや組織活動の基本となって生き続けている。

■図表1-3　科学的管理法

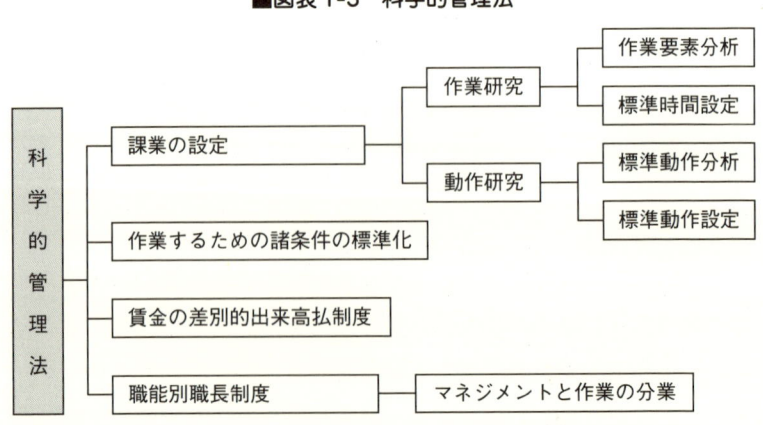

2．フォードの生産体制とピラミッド型構造

　科学的管理法を、現実の大規模生産に適応して歴史的な成功へと結びつけたのがヘンリー・フォードである。フォードは、それまで、非常に高価で一握りの富裕層の所有物であった自動車を農民にも使えるようにしたいと願っていた。

　そこで、1903年にフォード社を設立し、自動車の開発を始めた。試行錯誤を繰り返した後、1908年にＴ型フォードを完成させ、販売を始める。価格は一般市民が手の届く850ドルで、他社の3分の1程度であった。フォード社はこの価格を実現するために、モデルをＴ型フォード1つに絞り、車体をすべて黒塗りに統一するなど徹底的に標準化したうえで、大量生産・大量販売を行った。このように生産された同じ型、同じ色のＴ型フォードを人々は喜んで購入したのである。

　それによりＴ型フォードは、さらなる大量生産・大量販売を繰り返すことができたので、1920年には全アメリカの3分の2、全世界の半分のシェアを占めるようになった。さらに価格は、1924年には290ドルまで引き下げられ、1925年には累積生産台数が1200万台に達した。

　このように、画一的な商品でも多くの人々が喜んで購入したわけであるが、そのような需要に対応するため、製造現場でも画一的な体制がとられた。まず、作業者の受けもつ作業を細かく単純作業へと分けた。具体的には、ベルトコンベアーを敷いて、それに沿って作業者を配置し、ある人はネジを締めるだけ、ある人はフレームをはめ込むだけという具合である。

　このような作業形態をとると、細かく分担された作業を行う単純作業者が大量に生まれてくる。すると、これらの単純作業者を管

理・監督する現場監督者も大勢必要となる。さらにそれを管理する人も大勢生まれてくる。ここで作業者と管理者の分離が発生するわけである。最終的に経営トップに行き着くまでに、多階層の組織形態が出現する。この形態を「ピラミッド型組織」と呼ぶ（図表1-4）。

　この組織は、大量生産・大量販売に適していたので、モノ不足であった多くの消費者を豊かにした。消費者が皆同じニーズをもつという前提が成り立つからである。また生産現場においては、労働者は特に高い技能を身につけた人でなくても広く一定の収入が得られるようになり、安定した生活が営めるようになった。一方、個人の個性は薄れ、労働者は皆同じ、という前提が世の中の認識に深く刻まれることになる。つまり、「消費者も労働者も画一的」という思考の枠組みが形成されたのである。

　このような時代には、画一的な商品ですべての消費者を対象市場としていたマス・マーケティングが行われていた。

■図表1-4　ピラミッド型組織の組織図

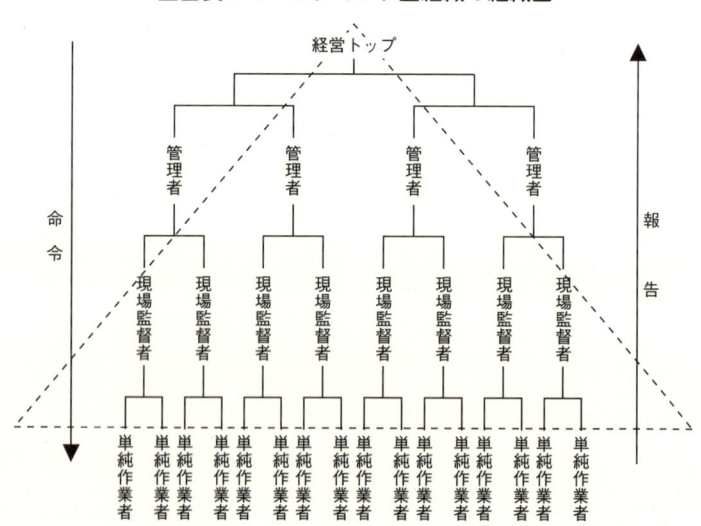

3．ピラミッド型構造の特性

　ピラミッド型構造をもつ組織は、広く当時の産業界に受け入れられた。このような構造をもつ組織は、一人の上司から部下に業務が指示されるため、作業者のやるべきことが明確になる。また、権限は階層に基づいて決まっているため、指示は強い権限をもつことになる。このことから、上部が決定したことは必ず実行しなければならないという特性が生まれたのである。

　また、業務が細分化しており、一定の業務に集中して就業することから、習熟度が向上し、迅速かつ正確に仕事がなされるというメリットがある。つまり、速く正しく確実に仕事をやり抜くことが可能な組織形態であるということができる。

　指示が上から多くの階層を通って下りてくる一方で、報告も下から上へ多くの階層を経て上がっていく。この間に、意思の伝達に食い違いが生ずることがある。

　伝達する内容が画一的な指示や明確な報告ならよいが、微妙な感覚や心理的なニュアンスが含まれる情報については、発信元の意図がその通りには伝わりにくくなる。また、指示と報告に時間を要することから、組織としてタイミングを逸した活動に陥りやすい。さらに、縦型の指示系統と権限に基づく情報ルートであることから、上部組織も自分の責任範囲以外には関心が薄く、横のつながりは間接的になってしまう。管理者など上部の担当者間で良好なコミュニケーションが成り立っている場合はよいが、横の関係は往々にして競争関係にあり、横方向の連携が機能不全に陥りやすい。

　よって、このような組織では、上部の指示通り定型的に働くことがすべてとなるため、姿勢が受け身的で、同質な人材が育ちやすくなる。いわゆる金太郎飴型の画一性が高い人材が多数生まれること

となる。受け身で画一的な人材からは新しい発想は生まれない。

　このように単純なピラミッド型組織は、画一的な決定事項を確実かつ正確に処理するには有効であるが、多様化や欲求の高度化に対応するには限界がある。

　実際、T型フォードも1920年代の半ば頃にアメリカの自動車市場が飽和状態になった頃から販売が減少し始めた。競合他社が斬新なニューモデルを発売したため、T型フォードを下取りに出して他社の新車を購入する人が増えてきたのである。そのためフォード社は1927年には、T型フォードの生産を中止してA型車といわれる新型車を発売することにした。しかし、生産体制が整わなかったため、大きくシェアを落としてしまう。

　取って代わったのは、ゼネラル・モータース（General Motors Corporation：GM）であった。その後、現在（2009年）に至るまでフォード社がGMを上回ることはなかった。これはGMのどのような戦略の成果であろうか。またこのことは何を意味するのだろうか。

第2章
顧客志向と分析思考の進展

モノ不足が解消されマーケティングは生産志向から顧客志向へと移ったが、分析思考はさらに高度化していった。

```
┌─────────────────────────────────┐
│ 第1章　モノ不足の時代と分析思考 │
└─────────────────────────────────┘
                ↓
┌─────────────────────────────────┐
│ 第2章　顧客志向と分析思考の進展 │
└─────────────────────────────────┘
                ↓
┌─────────────────────────────────┐
│ 第3章　社会創り志向と創造思考   │
└─────────────────────────────────┘
```

第1節 モノ余りの時代に向けた消費の変化

1．アメリカ合衆国の変化

　もう少し、アメリカ合衆国の自動車産業を例にとって成り行きを見てみよう。1927年にGMがフォード社を抜いて市場シェアナンバーワンになったことは、象徴的な出来事として多くのメディアにも取り上げられている。なぜフォード社はGMに抜かれてしまったのであろうか。

　決して、フォード社が1908年から1926年の18年間のどこかで大きく方針転換をしたわけではない。むしろ逆であった。環境が大きく変化しているのにもかかわらず、方針転換をしなかったことにより、その後の状況が生まれたのである。つまり、画一的な商品を大量に生産・販売し続ける体制を維持し続けたのである。変化したのは供給者側のフォード社ではなく、消費者であった。

　1927年において、アメリカの全世帯（2340万世帯）に対して80％以上の1900万世帯がすでに自動車を所有していた。このようにアメリカ市場において自動車が一様に普及し、2台目、3台目の購入者が中心になってくると、移動ができて、安いというだけで購入する時代ではなくなってきた。つまり購入者は、移動手段以上の何かを求めてきたのである。それは、自分の生活や家庭の状況に適した自動車であり、自分の心理的な満足を充足してくれる自動車である。色も黒一色ではなく、自分の好みの色の車であり、より小型でスピードの出る車、大勢の家族が乗れる大型の車、自分のステイタスを示せる車などが求められるようになってきたのである。

このようなニーズの変化に対応できなかったのがフォード社であり、「顧客のニーズ」を優先してこれに応えたのがGMであった。GMは、自動車市場を、すべて同一のニーズをもった購入者と考えるのではなく、所得階層に従っていくつかの市場に分け、それぞれの市場のニーズに合った自動車を発売した。そのために小さなメーカーを複数買収し、複数のピラミッド型組織により顧客のニーズに応じた自動車が供給できる体制を整えていったのである。

自動車産業を例に見れば、この時期に消費者が画一的であるという概念が変化してきたことになる。この後、消費の多様化や欲求の高度化が加速し、顧客に合わせた製品づくりが進んできた。つまり、GMは顧客タイプ別に、複数の車種を用意して、さらに緻密な大量生産・大量販売を実現し、莫大な利益を上げた。

これは、顧客を細かく分けるという分析的な考え方を適用しつつ、モノづくりにおいても分析的な手法・技法がさらに進歩したことを意味している。つまり、市場もモノづくりも、分析思考をさらに徹底させるという進展が図られたことになる。

■図表2-1　アメリカにおける生産とマーケティングの変遷

	1908	1926	1955	1990	2000
		T型フォード	GMが主役の時代 →		日本車の台頭
生産		分析思考による大量生産	分析思考の高度化による多品種対応		ビッグ3の衰退 金融業へシフト
マーケティング		マス・マーケティング	分析思考の高度化による市場の細分化		IT産業の隆盛と創造思考の拡大

2. 日本の変化

　日本では、昭和30年代において同様な現象を見ることができる。昭和30年代初めには、一般家庭には家電製品がほとんど出回っていなかった。しかし、日本経済の急速な発展と家電メーカーが大量生産・大量販売の体制を構築したことにより、昭和30年代後半には、多くの家庭で家電製品が普及してきた（図表2-2）。

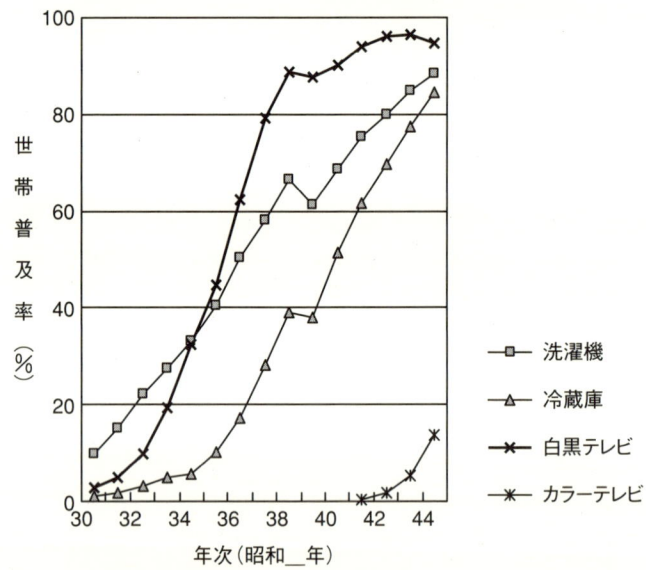

■図表2-2　日本における家電製品の世帯普及率

資料：内閣府「家計消費の動向」帝国書院ホームページ（耐久消費財の世帯普及率の変化）※

※ http://www.teikokushoin.co.jp/statistics/history_civics/index13.html（2009年9月）

実際、白黒テレビ、洗濯機、冷蔵庫の世帯普及率は、それぞれ、昭和30年（1955年）には、2.8％、9.9％、1.1％が、昭和40年（1965年）には、90.0％、68.5％、51.4％に増加している。

このように昭和40年代前半には、大量生産・大量販売により人々の生活の欲求が満たされた。このことは、体に負担をかけずに生活ができ、便利で快適な家庭生活が短期間に達成されたことを意味する。

その後、家電製品がほとんどの家庭に出回って便利が当然になると、企業は市場を細かく分けて各ニーズに対応するようになってきた。さらに、1960年代（昭和40年前後）に生まれた人が新たな家庭生活を始めた1990年前後から、明らかに消費の次元が変わってきた。たとえば、1992年をピークに自動車の国内販売台数が減少傾向へと転じている。

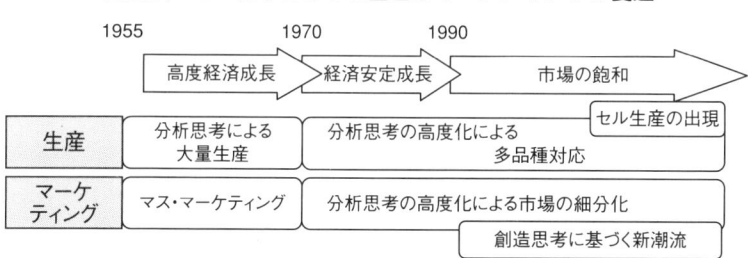

■図表2-3　日本における生産とマーケティングの変遷

	1955	1970	1990	
		高度経済成長	経済安定成長	市場の飽和
生産		分析思考による大量生産	分析思考の高度化による多品種対応	セル生産の出現
マーケティング		マス・マーケティング	分析思考の高度化による市場の細分化	創造思考に基づく新潮流

第2節 分析思考の進展と視点の変化

1. 分析思考の進展

　大量生産・大量消費が当然の時代を迎えると、次の時代に向けた対応が必要となった。それは前述の通り、分析思考をより徹底することであった。

　消費者はモノ不足を解消したことにより、「便利」というすべての人に共通する画一性の高いニーズがいったん満たされた。そして、人によって異なる多様性をもつ心理的な満足を求めるようになってきた。その多様性をとらえるために、すべての消費者に一律に対応するのではなく、より細かく市場を分解して、分析を徹底する方向へ進んだ。日本では1960年代後半からこのような対応が必要になってきたのである。

　このようなマーケティングを「セグメント・マーケティング」という。

　セグメント・マーケティングは市場を区分するために、年齢、ライフステージ、性別といった「人口動態基準」、住居地や勤務地の場所、住居地や勤務地が都市部・地方都市・農村かなどに区別する「地理的基準」、生活スタイルや性格・価値観という「心理的基準」、購入者の使用機会やベネフィットによる「購買行動基準」を用いて細かく分けるようになってきた。このような切り口を「市場細分化基準」というが、分析思考をよく表した言葉となっている。またこのようにして切り取られた市場を「セグメント」と呼ぶ。

　主な市場細分化基準としては、図表2-4に示したものがある。

■図表2-4　主な市場細分化基準

基　　準	細分化の視点（例）
人口動態基準	年齢、ライフステージ、性別、所得、職業、教育水準、宗教、人種、世代、国籍、社会階層など
地理的基準	住居地や勤務地の場所、住居地や勤務地が都市部・地方都市・農村か、住居地や勤務地の人口密度・気候など
心理的基準	生活スタイル、性格・価値観など
購買行動基準	使用機会、ベネフィット、使用歴・頻度、ロイヤルティー、商品に対する態度・感想など

　一方、生産においては画一的で大規模なセグメントが市場から消えていく中で、小さなセグメントにおいても利益を生まなければならないという厳しい状況へと追い込まれることになる。また、安価な商品を求め続ける消費者に対応するため、高度な効率化が求められる。そのため生産現場では、ムリ、ムラ、ムダの徹底排除とマニュアル化が進められていった。

　さらに、作業者の感覚的なスキルを数値に置き換えて、デジタル化することで自動化していく。併せてソフト言語へと落とし込んで細かくすることで、フレキシブルな対応が可能な生産設備へと進歩を遂げていくのである。これらの作業の効率化に必要な思考はやはり分析思考である。

2．分析思考とマーケティング

　たとえば、みなさんが文具用品メーカーに勤務していたとして、ある日、商品開発の担当に任命されたとしよう。みなさんはどのようなアプローチで新商品の企画を進めるだろうか。

　さまざまなアプローチで商品開発を成功に導こうとするであろうが、次のようなプロセスをとる人が多いのではないだろうか。

①自社および競合他社が市場に出している文具について、消費者の感想や意見を収集する（情報収集）。
②得られた情報をもとに、よく売れている商品とそうでない商品に分け、どのようなことが商品の売れ行きに大きな影響を与えるかを検討する。使い勝手か、デザインか、ネーミングか、価格か、購入場所か、などについて理由とともに具体的に分析する（分析）。
③分析結果を参考にしながら自社の商品を企画する（企画）。
④企画を商品化して販売する（実行）。
⑤販売目標の達成状況や顧客からの意見や感想などをもとに自社のマーケティングを評価し、必要に応じ企画や実行プロセスを見直す（評価・コントロール）。

　このプロセスは、科学や技術を進歩させてきた分析思考である。
　また、この分析思考は図表2-5のように、これまでのマーケティング活動のプロセスにおいても同様に用いられてきたのである。
　新商品企画の進め方における①情報収集は、これまでのマーケティング活動のプロセスの「マーケティング環境把握」に該当する。同様に、②分析は「外部環境分析」「内部環境分析」、③企画は「標的市場設定」と「マーケティング・ミックス※の構築」、④実行は「マーケティング・ミックスの実行」、⑤評価・コントロールは「マーケティング・ミックスの評価・コントロール」に該当する。
　分析思考によって、我々の生活は多くのものに満たされて便利になってきたのである。

※企業が市場から望ましい反応を引き出すために、企業がコントロールできる複数のマーケティング要素を組み合わせること。J.マッカーシーの提唱した4P（Product：製品、Price：価格、Place：場・流通、Promotion：プロモーション）としてよく知られた概念である。

●第2章● 顧客志向と分析思考の進展

■図表2-5　新商品企画の進め方とこれまでのマーケティング活動のプロセス

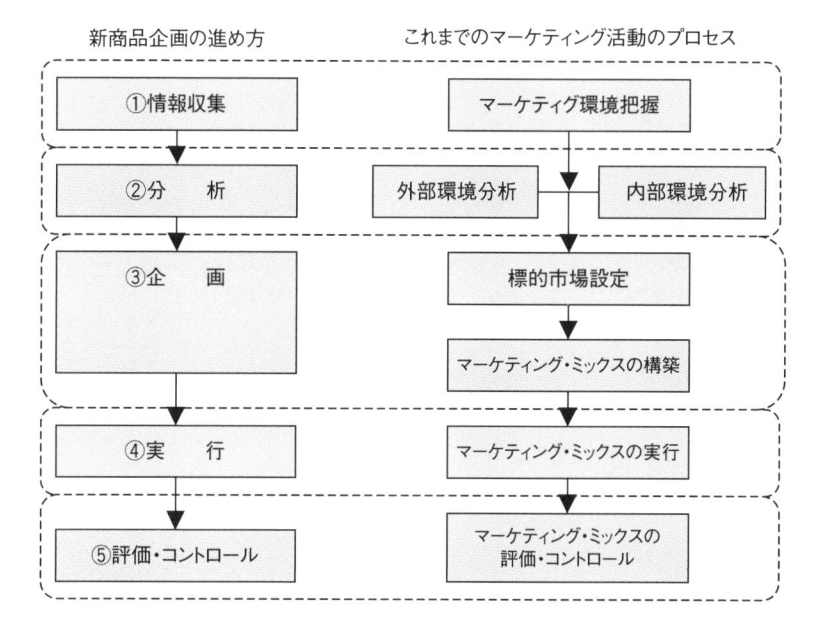

新商品企画の進め方	これまでのマーケティング活動のプロセス
①情報収集	マーケティグ環境把握
②分　析	外部環境分析　／　内部環境分析
③企　画	標的市場設定 → マーケティング・ミックスの構築
④実　行	マーケティング・ミックスの実行
⑤評価・コントロール	マーケティング・ミックスの評価・コントロール

第3節 マーケティングの変遷と視点の変化

　多様化し、要求が厳しくなる消費者と、そのニーズを満たそうとする消費財を扱う企業、それを顧客とする生産財を扱う企業、つまり、ほとんどの企業が、時間的な差はあっても多様化・高度化の影響を受けることになる。マーケティングにおいても時代の変化に伴い、基本的な考え方が次のように変わっていった。

1．生産志向のマーケティング

　モノ不足で消費者や顧客のニーズが明らかな時代には、生産者は消費者や顧客のことを考えるためにあまり多くの時間は割かなかった。乱暴な表現かもしれないが、自動車は安全に移動できればよく、掃除機はゴミを吸い取ればよく、冷蔵庫は食品が冷やせればよかった。それよりも、できるだけ安価に大量に供給することを中心に考えていた。この時期は生産に視点を置いたマーケティングであり、これを「生産志向のマーケティング」と呼ぶ。このときの視点は、生産者（供給者）側1つである（図表2-6）。

■図表2-6　生産志向のマーケティング

供給＜需要　　新規需要中心

生産者（供給者）　→　顧客

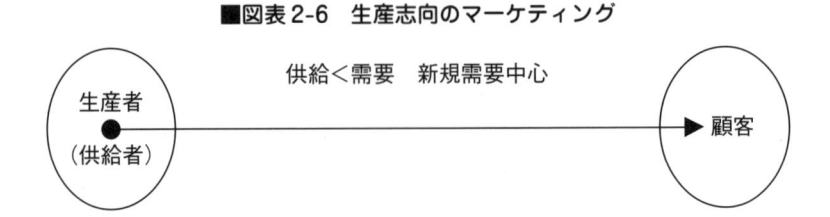

2. 販売志向のマーケティング

　大量生産・大量販売の体制が完成する頃には、徐々にモノ不足からモノ余りの時代へと移行する。企業はせっかく整えた大量生産・大量販売の体制を稼動させるために、販売に力を入れ始めることになる。販売志向は「売り手が販売促進に努力しなければ、消費者は多くは買おうとはしない」という考え方を前提としている。実際にはあまり活躍することの少なかったジューサーやミキサーなどが販売された時代である。日本では昭和40年から50年頃であるといえよう。そのようなマーケティングを「販売志向のマーケティング」と呼んでいる。やはりこのときの視点も、生産志向のときと同様に供給者側1つである。

3. 顧客志向のマーケティング

　市場はさらに心理的な消費へと移行していく。多様化・高度化するニーズを実現するためには、単にセグメントを細かく分けただけでは対応できない。画一性が高く、変化が少ない市場は、統計解析などの方法で実像を把握することは困難ではないだろう。これが、心理的で多様で変化の大きい細分化されたニーズを把握するとなると、平均化の過程を経る統計解析では難しい。そこで、供給者側が活用するのは、人の心理である。消費者や顧客も人であり、供給者側も人であるならば、その人の心理を最もよく理解できるのは人ということになる。そこで、顧客の立場に自分を置き、顧客の視点を分析し、理解することが有効となってくる。

　このように、供給者側が顧客に視点を置いてその満足を目指す「顧客志向のマーケティング」が唱えられるようになってきた。一

方、顧客と社員が直に接触する経済のサービス化が進展し、顧客満足を継続的に提供するには、現場の社員と顧客との双方向の関係強化が重要度を増すことになった。現実には、顧客と供給者の両方に視点を置いたマーケティング活動といってよいであろう。

　ここで、生産志向のマーケティングや販売志向のマーケティングにおいては、視点が供給者側1つであったのが、顧客志向のマーケティングでは視点が顧客と供給者の2つになったことを非常に大きな変化ととらえるべきである。そして、このような分析思考による顧客志向のマーケティングが現在まで続いている。

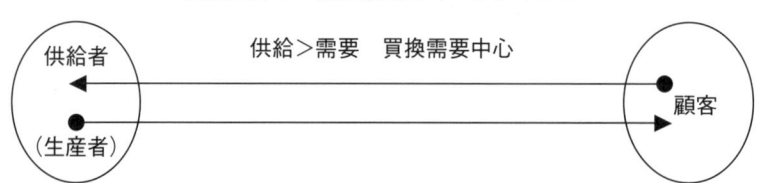

■図表2-7　顧客志向のマーケティング

供給者（生産者）　　供給＞需要　買換需要中心　　顧客

4.「顧客志向」の成熟化と「社会志向」のマーケティング

　今後とも、分析思考による「顧客志向」のマーケティングは必要とされ、幅広く用いられることは間違いないだろう。分析思考による「顧客視点」のマーケティングの技術が進歩し広く行われてきたことによって、消費者や顧客自身が気づかなかったような微細な体の負担を軽減し、体の負担が心理に与える負荷をも解消できるようになった。しかし、それを分析的に行って商品化するならば、多かれ少なかれ同じような商品が揃うのである。このような現象は「コモディティ化」と呼ばれている。

　コモディティ化とは、ある商品群において、機能、品質、形状な

どの企業間の差異がなくなることをいう。コモディティ化の要因として、従来は特別の技術をもつ企業だけが製造できた商品も、技術の成熟化や商品の規格化・標準化・モジュール化などによって、多くの企業でも製造できるようになったことが挙げられる。かつてコモディティ化の進んだ商品といえば、石鹸、ビニール傘、なべなど日用雑貨に限られていた。しかし現在では、家電製品などにもコモディティ化が進んでいる。

そのことで、多くの商品の価格が低下し、すべての人のモノ不足が解消され、顧客のほぼ期待通りの価値が提供されるようになった。それでも昨日より今日、今日よりも明日と少しでもよい生活をしたいと願う人の欲求を満たすことができなくなってきている。市場は「もっと」「もっと」と叫び始めているのである。

一方で、社会構造の変化に伴い、地球環境保全の配慮などを含めた社会全体の利益を考慮した「社会志向のマーケティング」の重要性が認識されている。社会志向とは、組織の主要課題は、ターゲット市場のニーズ・欲求・利益を明確にして、消費者および社会の福祉を維持・向上させる方法によって、競争相手よりも効果的にかつ効率よく、望まれている満足を提供することである[※]。社会志向の進展は、これからのマーケティングは視点の数を増やすことを余儀なくされていくことを意味する。

今後企業は、顧客志向と社会志向をどのように両立させていくことができるのだろうか。これからのマーケティングは、これまでのマーケティングよりも、さらに創意工夫とともに重い責任を負うことになる。

※フィリップ・コトラー, ゲイリー・アームストロング著／和田充夫・青井倫一訳(1995)

第3章

社会創り志向と創造思考

社会はさらに変化を続けている。ピラミッド型構造からネットワーク型構造への移行が進み、この中で顧客志向と分析思考に基づくマーケティングだけでは、社会の進歩が果たせなくなってきている。そこで創造思考の必要性が生じてきた。

第1章　モノ不足の時代と分析思考
↓
第2章　顧客志向と分析思考の進展
↓
第3章　社会創り志向と創造思考

第1節 分析思考から創造思考へ

1．分析型問題解決と創造型問題解決

　前章では、近年までのマーケティングは、主に顧客志向と分析思考により進められていることを述べてきた。しかし問題解決には、分析思考とは別の創造思考が存在する。

　現代の社会は、長年の人類の問題解決の積み重ねの上に成り立っている。いすに座って仕事をすることも、立って仕事を続けていては疲れるという問題を解決している。また、デスクにある電灯も、文字を読んだり書いたりする作業を効率よく行うための問題解決の手段である。身の回りを眺めると、我々は問題解決の長い歴史の成果に取り囲まれていることがわかる。人類は問題解決を行うことで文明を進歩させてきたといっても過言ではない。

　「問題とは、あるべき姿と現状のギャップである」と一般的に定義されている。問題の分け方にはいろいろな説があるが、「発生した問題」「発生する問題」および「創造する問題」などに分けることが多い。ここでは、発生した問題、発生する問題を1つにまとめ、創造する問題をもう1つの類型ととらえることにする。

(1)　「発生した問題」と「発生する問題」

　発生した問題は、すでに起こってしまった問題、発生する問題は、これから起こり得る問題である。この2つの問題には、過去と将来の差はあるが同様の構造をもっている。この類型での「あるべき姿」は、本来の定められた姿を意味している。たとえば、人なら健康で

あること、生理的欲求が満たされていること、安全で安心であることなどである。組織ならば、定められた規則が守られていること、目標に掲げた売り上げや利益が達成されていることなどである。つまり、「現状」が本来の姿に至っていない場合に、「発生した問題」「発生する問題」と呼ぶのである。

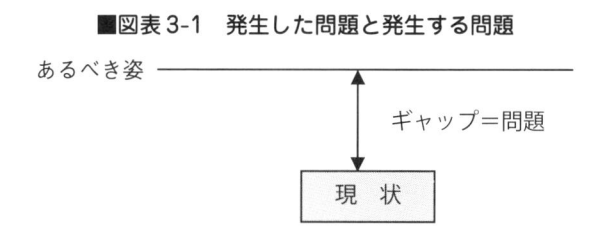

■図表3-1　発生した問題と発生する問題

あるべき姿 ────────────────
　　　　　　↕　ギャップ＝問題
　　　　　　　現　状

　この問題の解決方法は、ギャップを生じさせている原因を追求することから始まる。その原因を追求するため、原因がどこにあるか時間的に区切ったり、原因のありそうな空間を切り出したりして、絞り込みを行っていく。つまり分析思考を働かせるわけである。その結果、主な原因となっている要素を抽出し、そこを改善・改良することによって、現状をあるべき姿に復帰させるという活動をすることになる。これを「分析型問題解決」と呼ぶ。

　人類は、仕事や生活における肉体的な負荷を最少化した状態をあるべき姿とし、それを数十万年にわたり追求し続けてきた。そして我々はここ数十年でほぼ「あるべき姿」に行き着いたのである。

(2)　創造する問題

　分析型の問題解決により、人類は「あるべき姿」に行き着いてしまった。しかし、それでは、今後の進歩が望めないことになってしまう。そこで、もう1つの「創造する問題」が望まれる。創造する

問題とは、問題のない状態つまり「あるべき姿」と「現状」が一致している状態からスタートする。そこでは、問題をあえて創り出すために、あるべき姿を意図的に高いところへ引き上げるのである。

■図表3-2　創造する問題

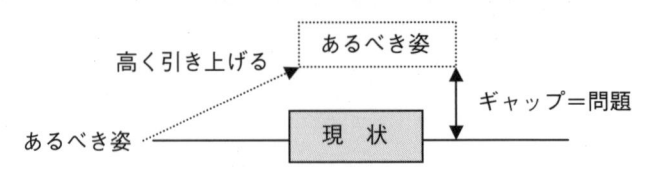

高く引き上げたあるべき姿と現状のギャップを、問題として設定する。つまり、問題のないところに問題を創り出すわけである。そして、新しく魅力的なあるべき姿の実現に向けて取り組むことになる。この場合、原因追求する必要はなく、すぐに達成に向けた取り組みに着手することになる。このような取り組みを「創造型問題解決」と呼ぶ。

このように現在は、分析型問題解決から創造型問題解決が有効に働く社会へと移行しつつある。

2．問題解決と動機づけの理論の関係

分析型問題解決と創造型問題解決は、どのように使い分ければよいのだろうか。

人の欲求については、アメリカの心理学者であるアブラハム・マズローの「欲求段階説」が有名である。この説によると、人は①生理的欲求、②安全欲求、③社会的欲求、④自我欲求、⑤自己実現欲求をもち、①から⑤へと段階を経て移行するという。その際、欲求

には優先度があり、低次の欲求が充足されると、高次の欲求へと段階的に移行するとしている。

　また、アメリカの臨床心理学者であるフレデリック・ハーズバーグは「動機づけ－衛生理論」を唱え、職務に関しての調査の結果、不満をもつ要因を「衛生要因」とし、職務を動機づける要因を「動機づけ要因」とした。衛生要因については、よく石鹸で手を洗うことにたとえられる。石鹸で手をどんなによく洗っても病気の予防にはなるが、健康が増進されることはない。この意味するところは、衛生要因を満たしたとしても、現状よりもよくなることはないということである。

　この2つの理論を比較すると、図表3-3のようになる。

■図表3-3　「欲求段階説」と「動機づけ-衛生理論」の比較

「欲求段階説」	主な問題	「動機づけ－衛生理論」
①生理的欲求	賃金	衛生要因
②安全欲求	労働環境	
③社会的欲求	人間関係	
④自我欲求	昇進・昇格	動機づけ要因
⑤自己実現欲求	目標達成	

　この比較において、欲求段階説の①生理的欲求、②安全欲求、③社会的欲求は、動機づけ－衛生理論の衛生要因の領域と大まかに合致する。これらはあるべき姿に達していない問題ともいえるため、分析型問題解決が適すると考えられる。また、③社会的欲求、④自我欲求、⑤自己実現欲求は、動機づけ要因の領域と大まかに合致する。これらは、よりよい状態を目指すこととして、創造型問題解決が適すると考えることができる。このように見ても、分析型問題解

決の領域は決してなくなるものではないが、あるべき姿に行き着いた現在では、創造型問題解決の領域が拡大していくことが想定できる。

　以上のことから、社会の欲求の種類や動機づけの状態を正しく認識し、それに応じた問題解決のタイプを使い分けることが重要となる。

第2節 ピラミッド型構造からの移行

1.「創造性」へのニーズ

　創造型の問題解決では、現状よりさらによい状態を頭の中で描き、示さなければならない。現在は、期待通りの製品やサービスが溢れ、顧客はうんざりしている。そこで顧客はさらに「想像を超えた価値」を求めるようになっている。このような「想像を超えた価値」はどのようにしたら提供できるのだろうか。従来よく用いられたリサーチの方法であるアンケートの収集と分析からは、期待通りの価値を見つけることができても「想像を超えた価値」を見つけることは難しい。

　たとえば、現在広く普及している携帯電話のiモードの着想や、市場を驚かせたi-Phoneなどはどうだろう。アンケートからではとてもこのような発想は生まれないし、実際にインタビューから生まれたものでもない。やはり提供する側が高い創造性を働かせた結果、生み出されたのである。

　このように、顧客に「想像を超えた価値」を提供するためには、それを提供する企業側の洞察力やそれを土台にした創造性が不可欠である。これらの能力が、これからのマーケティング体系に組み込まれなければならない。

■図表3-4　分析型問題解決と創造型問題解決

問題解決の種類	提供できる価値	解決方法
分析型問題解決	期待通りの価値	アンケートの収集・分析など
創造型問題解決	想像を超えた価値	洞察力や創造性の発揮

2.「多様性」と「著しい変化」へのニーズ

　社会の変化は、ますます加速してきている。その要因として次の3つを挙げることができる。

①心理的ニーズへの移行
　1つは、便利というニーズから心理的なニーズに移行していることが挙げられる。「痛い」「熱い」「疲れる」などの感触はすべての人に共通であり、時代によって変化するものではない。昔の人も現代の人と同じように感じたはずである。よって、便利というニーズを主体にしている限り、社会は大きく変化しないのである。
　一方、心理的なニーズは個人によって異なるのみならず、個人の中でも変化するものである。音楽やゲームなどは心理的な満足を与えてくれるが、飽きることがあり、流行などの変化が起きやすい。つまり、心理的なニーズに基づく購買は、多様性をもつとともに変化しやすいのである。

②情報技術の進展
　2つめの要因は、情報技術の進展によって情報が世界を駆け巡り、冷戦構造が崩壊し、グローバルな経済が出現したことである。世界中で生み出された情報が結びつき、新たな情報を生み出す速度が著しく速くなってきた。また、リアルタイムで情報が入手できようになると、人の活動もタイムラグなく対応することが求められるようになってきた。今ではトイレの中で電話をする人が珍しい光景ではなくなってしまった。

③グローバル化

3つめはグローバル化を受けて、あらゆるシステムが瞬時に影響し合うようになったことである。たとえば、金融経済の変化が間髪をいれずに実体経済に影響を及ぼす。また、先進国の経済情勢と開発途上国の経済情勢も緊密にリンクし、自由主義経済と統制経済が複雑に入り組んできている。さらに、各国の債権債務やエネルギーの需給も複雑に組み合わさっている。どこかで起こった出来事の影響がダイレクトに極めてスピーディーに広がるようになった。それは、我々に不確実性を与えている。

3. ネットワーク型社会の出現

ニーズが一通り満たされた顧客から、「もっと高い価値(想像を超えた価値)を」という声が聞かれるようになった。その声に応えるために、「多様性」と「著しい変化」に適合し「創造性」を発揮する社会構造が求められてきた。

このような状況では、第1章で述べたようなピラミッド型構造の社会や組織では対応が困難になってきており、別の構造が求められてきている。それはどのような構造だろうか。

まず、創造性を発揮するためには、個人の役割が極めて重要となってくる。創造性が発揮されるのは最終的に個人の頭の中である。しかし、個人だけでは限界があり、複数の個人が触発し合うことによって、創造性はさらに発揮されるものである。

ただし、金太郎飴型の個人が集まっても創造性は発揮しがたい。多様性をもつ個人が集まって協働することによってこそ、高い創造性が期待できる。また、これらの個人は自立していることが求められる。なぜならば、創造とは新しいことであり、かつ将来の事柄だ

から。そこには当然リスクが含まれ、そのリスクをとるのは創造した本人であり、よって、リスクを覚悟で創造するというパイオニア精神をもつことが不可欠となる。

また「著しい変化」に適応し、新たな変化を創り出すためには、自立した個人や組織が柔軟に入れ替わることができる構造が必要となる。

つまり、「多様性」「著しい変化」に適合し、新しい価値を「創造」するために、多様な組織や個人が自立し、結びつき、環境の変化に応じて自律的な参加と移動が可能な構造である。このような構造をもつ組織を「ネットワーク型組織」と呼んでいる。

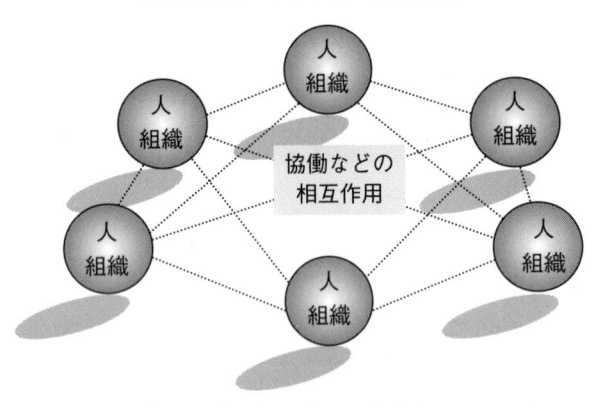

■図表3-5　ネットワーク型組織

- 自立した組織や個人が協働し、相互に作用する
- 環境の変化に応じて個人や組織が自律的に参加し移動する

第3節 顧客志向・社会志向から社会創り志向へ

1. 行政における変化

　ここまで、分析思考から創造思考へ、ピラミッド型構造からネットワーク型構造へと、新しい動きが生まれてきた過程を見てきた。今後「顧客志向」と「社会志向」はどのように変わっていくのだろうか。これまで社会づくりを担ってきた行政や、経済活動を遂行してきた民間企業のどちらにも新たな動きが見られるようになってきた。最初に行政の変化から見ていこう。

　これまでの行政組織は、典型的なピラミッド型であった。このような行政組織は、分析思考によってつくられている。何を分析しているのかというと、その対象は一人ひとりの住民である。

　役所には多くの窓口がある。医療、福祉、税金、仕事、教育などに関する窓口である。住民が、必要な手続きをする場合には、それぞれの窓口に足を運ぶことになる。この現象は、一人の住民を医療、福祉、税金、仕事、教育などにかかわる側面で分けていることに起因する。一般住民からすれば、できれば1つの窓口ですべての用事が済むとありがたいところである。ピラミッド型の組織形態は縦割りであり、指示や責任の所在が明確で、間違いの少ない対応ができる代わりに、住民にとっては効率のよくない組織となっている。

　現在は、一部を除いて多くの自治体が赤字に陥っているが、職員は民間企業に負けず劣らず多くの仕事を抱えて多忙に見える。住民のニーズが多様化・高度化したことが、より自治体の対応を複雑にしている。このような状況において、分析思考に基づいたピラミッ

ド型の組織では対応することが構造的に難しい。

　住民の要求の多様化・高度化に対しては、いくつかの自治体では、住民を「顧客」に見立て、「顧客満足」ならぬ「住民満足」を掲げて、マーケティングの考え方を学ぶようになってきており、企業と同様に顧客満足実現のために「経営品質向上活動」に取り組んでいる。このように、行政も画一的なピラミッド型構造から脱却しようとする動きがでてきている。

　その表れとして、行政の資源だけで住民の要求に対応するのではなく、外部の組織や団体と協働しながら、これを満足させる形態が生まれてきた。民間企業や学校との連携や、NGO（Non-Governmental Organizations：非政府組織）、NPO（Non-Profit Organization：民間非営利団体）との協働、そしてボランティアの協力を得た活動が展開されている。

　このように、産学官民がそれぞれの役割を果たしながら、協働で社会づくりを行っていくネットワーク構造が拡大してきているのである。

2．民間企業における変化

　地球の温暖化が問題として取り上げられ、環境問題としてクローズアップされCO_2の削減が叫ばれはじめた頃、大半の企業にとって環境対策への負担は、利益を生まないコストそのものでしかなかった。つまり、企業にとって環境問題は「顧客満足」とは無縁であり、利益をもたらすものではなかった。

　しかし、現在は環境対応への取り組みが社会的に評価されるようになり、投資家がこれを企業評価の尺度として重視し、株価に反映されるようになった。さらに消費者にも地球温暖化についての意識

が高まり、ハイブリッドカーや電気自動車、エコバッグなる買物袋などが普及してきた。環境問題の浮上により、社会の意識は「顧客満足」と「良き社会づくり」の両方を志向しつつある。

　1990年代後半から、食品の偽装表示に代表されるような企業の不祥事が大きく取り上げられ、企業の社会的責任が厳しく問われるようになってきた。また、個人情報保護の対応にも企業は前向きに取り組み、むしろその取り組みを積極的に社会にアピールするようになってきている。またIT企業やファンドが高収益を上げた時期に、その企業経営者らの「お金があれば何でもできる」「お金を儲けるのはよいことだ」という発言が、マスコミなどで批判的に取り上げられた。これは企業が営利を追求する経済活動のみを役割とする時代が終わりつつあることを感じさせる出来事であった。

　行政組織は、民間の手法を取り入れつつ産学官および住民との協働による社会づくりを始めている。一方、民間企業も社会づくりの責任が求められるようになってきた。著名な経営学者・社会学者であるピーター・ドラッカーが、かつてその著書『ネクスト・ソサエティ』で、「1つひとつの組織、一人ひとりの成功と失敗にとって、経済よりも社会の変化のほうが重大な意味をもつにいたった」と述べている。これからのマーケティングは「顧客満足」と「良き社会づくり」を両立させた視点で考えていかなければならない。

3. 社会創り志向の時代へ

　マーケティングの視点は、モノ不足の時代には供給者（＝生産者）1つであったが、その後顧客へと広がり、視点が供給側と顧客側の2つになったことはすでに述べた。しかし、現在の状況を見ると、供給側と顧客側の2つの視点だけでは、マーケティングは難しく

なっている。マーケティングに顧客満足と良き社会づくりを両立させた視点が求められている現在、マーケティングは企業経営における利害関係者すべてに配慮する必要がある。このような状況においては、マーケティングは多面的な視点をもって活動を組み立てることが求められる（図表3-6）。

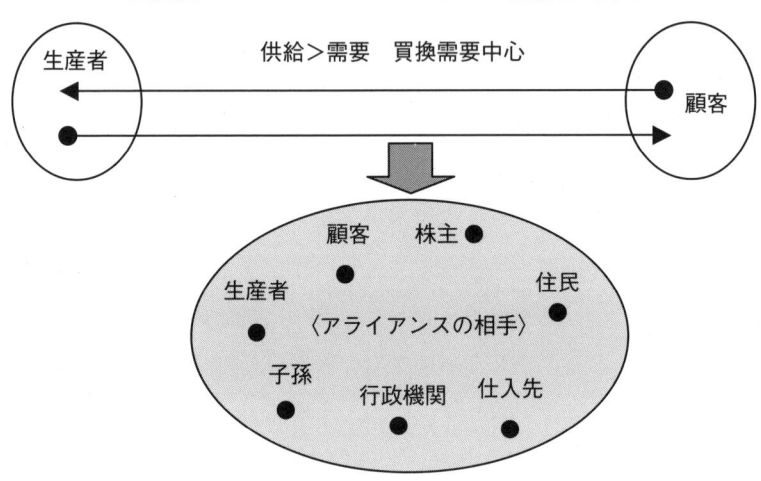

■図表3-6　マーケティングにおける視点数の拡大

生産者 ← 供給＞需要　買換需要中心 → 顧客

〈アライアンスの相手〉
顧客、株主、生産者、住民、子孫、行政機関、仕入先

　これまで企業は分析思考を用いながら、生産志向、販売志向そして顧客志向のマーケティングを展開してきた。しかし、これからは、創造思考を用いて従来の社会志向とはまったく次元の異なる社会創り志向をもつことが求められてきている。このようなマーケティングを「社会創り志向のマーケティング」と呼ぶことにする。社会志向と社会創り志向のマーケティングの違いは、図表3-7の通りである。

■図表3-7　社会志向と社会創り志向

	社会志向	社会創り志向
主　　体	企　業	ネットワーク組織
対　　象	顧客と社会	個人と社会
提供価値	消費者および社会福祉の維持・向上	新しい社会を創ることによる想像を超えた価値
目　　的	顧客満足	人類の幸福

　モノ不足をモノづくりで満たす時代が終わり、心理的な満足を求める時代になってきた。また、人類全体の幸福が個々の心理的な満足に不可欠であることが認識されてきた。創造型マーケティングが目指す「社会創り志向」の要件は、これまでの検討から図表3-8のように導き出せる。

■図表3-8　「社会創り志向」の要件

```
●ニーズの種類：多様化
●ニーズのレベル：さらなる高度化
●ニーズの変化：著しい
●視　　　点：多面的
●思　　　考：創造的
```

　「社会創り志向」の創造型マーケティングは、どのような基本構造をもたなければならないのだろうか。それについては次の第4章で述べていく。

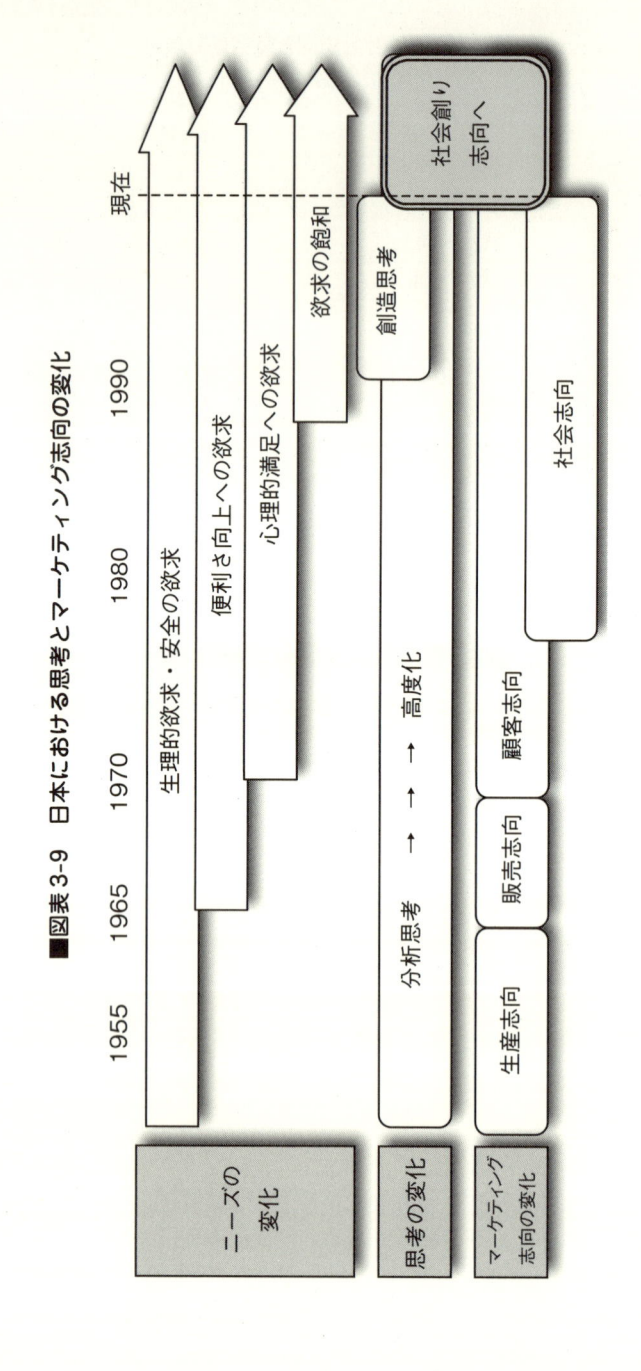

● 第Ⅰ部 ● 創造型マーケティングが生まれる背景

■図表3-9　日本における思考とマーケティング志向の変化

年	1955	1965	1970	1980	1990	現在
ニーズの変化	生理的欲求・安全の欲求			便利さ向上への欲求	心理的満足への欲求	欲求の飽和
思考の変化	分析思考 → → → 高度化					創造思考
マーケティング志向の変化	生産志向	販売志向	顧客志向		社会志向	社会創り志向へ

第Ⅱ部

創造型マーケティングの考え方と進め方

●第Ⅱ部の構成●

| 第4章 | 創造型マーケティングの基本構造 |

| 第5章 | 創造型マーケティングの具体的な進め方（1）
個人マインドの醸成 |

| 第6章 | 創造型マーケティングの具体的な進め方（2）
経営理念と環境洞察 |

| 第7章 | 創造型マーケティングの具体的な進め方（3）
ミッション、ビジョン、モデルの創造 |

| 第8章 | 創造型マーケティングの具体的な進め方（4）
ビジネス・モデルの構築と学習 |

第4章
創造型マーケティングの基本構造

本章では、これまでにない魅力的な市場を創るための創造型マーケティングの基本構造を明らかにしていく。
基本構造の全体像を論理的なモデルとして理解するために、ここでは敢えて概観的で抽象的な説明を行っている。詳細と具体的な進め方は、第5章以降において解説する。

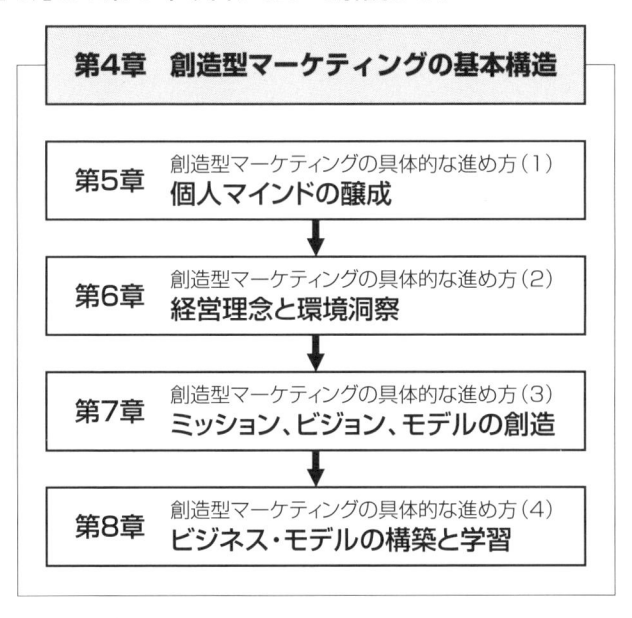

第4章 創造型マーケティングの基本構造	
第5章	創造型マーケティングの具体的な進め方(1) **個人マインドの醸成**
第6章	創造型マーケティングの具体的な進め方(2) **経営理念と環境洞察**
第7章	創造型マーケティングの具体的な進め方(3) **ミッション、ビジョン、モデルの創造**
第8章	創造型マーケティングの具体的な進め方(4) **ビジネス・モデルの構築と学習**

第1節 ネットワーク型社会と思考のあり方

1. ネットワーク型社会とシステム特性

　前章において明らかにしたように、創造型マーケティングの基本構造は、ネットワーク型社会において、これまでにない魅力的な市場を創るためのものである。そのためにはどのような基本構造をもつべきか、またどのような創造の思考プロセスとなるのか、そのモデルを考えていこう。

　ネットワーク型社会は、システム構造を呈している。ここでいうシステムとは、コンピュータシステムや通信システムのことではない。「人間の活動システム」のことである。

　イギリスのランカスター大学のピーター・チェックランド教授は、「人間の活動システム」を提示し、システムのもつ特性を「システミック」と呼んだ。その要素を整理すると図表4-1のようになる。

■図表4-1　システミックの要素

①創発特性（部分にはない、システム全体がもつ性質。いわゆるシナジー効果は創発特性の一種。） ②階層性（システムは要素の統合であり、要素はフラットな形で無構造ではなく、必ず階層的な構造をとる。複雑なシステムほど多くの階層をとる。） ③コミュニケーション（システムの要素間の情報の流れ） ④コントロール（情報の統制）

出所：産能大学総合研究所「SSMの応用研究」(1995)

さらに、このようなシステミックの各要素を、創造型マーケティングの基本構造に当てはめると、図表4-2のように表現することができる。これらが、創造型マーケティングの基本構造を形成するための原則となる。

■図表4-2　創造型マーケティングの基本構造におけるシステミックの要素

①構成する個人や組織が創発性を発揮し、個々の総和にはない新たな目的を共有して追求していること。そのためには、構成する個人や組織が自立しており独自性を有していなければならない。
②それぞれが階層的に目的と役割をもちながら、新たな目的の実現に向けて活動していること。
③個人および組織がコミュニケーションで繋がっていること。
④そのコミュニケーションはコントロールされていること。

2．個人による創造マインドの醸成

　創造の主体はあくまでも個人である。組織は創造を膨らませることができるが、創造のネタを宿すことができるのは個人でしかない。したがって、個人のあり方が極めて重要となってくる。
　新しい価値を生み出すには、個人が独自性と高いモチベーションをもち合わせ、創造マインドを発揮することが前提となる。しかし、現実には多くの個人がそのような状態にあるとは限らないため、「個人の創造マインドの醸成」が必要になる。そのため、創造型マーケティングを実践するには、まず個人の独自性の発見とモチベーションづくりからスタートさせなければならない。
　どのようにすれば個人が独自性とモチベーションをもち得ることができるのだろうか。我々の経験上、図表4-3のことが満たせれば

■図表4-3　創造マインドの醸成のステップ

①周囲を洞察し、周囲の主観を自分のことのように感じとる。
②自らの内面的動機に目を向ける。
③自分らしさ(独自性)が発揮できる高い目的を見つける(ミッション*1の自己認識)。
④その目的に周囲の合意・賛同を得る。
⑤ミッションからビジョン*2に展開し、その実現に向けた気概と覚悟を固める（創造マインドの醸成）。

確実にモチベーションは向上する。

(1) 現状の洞察とミッション

　洞察とは、一般的に「ことの本質を見抜くこと」（広辞苑）といわれる。本質を見抜くことを妨げる大きな要因が、自己中心的な思い込みである。これを排除するには、周囲に存在する複数の人の立場になって、多面的な視点から冷静に状況を見る姿勢が欠かせない。また、そこで起こっていることを、論理的な思考を用いて検証することで死角をなくし、背景や影響などに目を向けることにより本質に迫ることができる。つまり場を読むことができるようになる。さらに、自分のもつ価値観や強み、弱みを明らかにしておく必要がある。日常の中で自分らしさを明確に感じることは案外と少ない。

　この中で、自分の現状における本質的な存在意義であるミッションを知ることになる。

　これは自分がそこに存在する真の目的と言い換えることができる。

※1　現状における本質的な存在意義のこと。企業のミッションの他、組織のミッション、個人のミッションなどがある。第7章で詳述する。
※2　目指すべき姿のこと。企業のビジョンの他、組織のビジョン、個人のビジョンなどがある。第7章で詳述する。

そのうえで目的を高く上げていく。これが大変に重要である。人は実現可能な範囲でできるだけ高い目的を達成しようとすることで、モチベーションを上げることができる。さらに、周囲の人びとに貢献し喜んでもらえるような目的と出合うことになる。それは、「目的」がもつ次のような構造的な特性による（図表4-4）。

　人は、何らかの目的をもって生活しているが、「その目的は？」さらに「その目的は？」と問いながら目的を上げていくと、他人と必ず一致点が生まれる。一般的に考えの近しい人とは身近な目的で一致し、異質な人ほど高い目的で一致する。したがって、目的を高く上げることは、多くの人びとと目的を共有できることになる。最終的には、すべての人が必ず「人類を幸福にする」という最も高い目的で一致することがわかっている。

　このように目的を高く上げることは、喜んでもらえる人を増やすことに繋がる。ただし、そのためには周囲に存在する複数の人の立

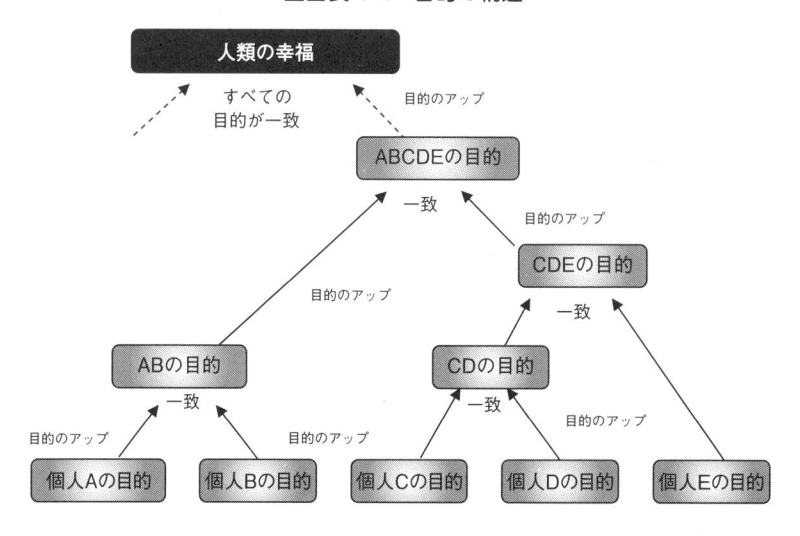

■図表4-4　目的の構造

場に立って、多面的な視点から冷静に状況を見ることができていることが前提になる。さらに、掲げた目的が、自分の価値観を実現し、強みを伸ばせるものならば、自己実現への意欲が高まることに結びつく。このようにして、個人が独自性と高いモチベーションを得ることができるのである。

実現可能な高いレベルで、自分の内的な目的が、さらに周囲からの期待と重なったところで、自分のミッションが明確に意識できるようになる。これはモチベーションを高めることに繋がる。

(2) ビジョンへの展開

現状を洞察したら、次の段階としてミッションをビジョンへと展開する。これにより、周囲の関係者との合意を強めることができる。この段階で、ビジョンを実現することに伴う困難の大きさに、いまさらながら直面することになる。このような障害を自らの責任において克服する覚悟と気概をもつことで、創造マインドが生まれる。これは、パイオニア精神といってもよい。

3. チーム型組織による創造モデル

(1) 個人間の協働による創造

ここまで、個人として高いミッションを掲げ、ビジョンを明らかにした。個人が周囲を洞察したうえで掲げたミッションであっても、現実には周囲が同意するとは限らない。よって、異なる個人同士が出会い、協働することにより創発が生じ、さらに異なるミッションとビジョンの創造へと発展する。ただし、独自性と高いモチベーション、さらに創造マインドをもつことが前提である。なぜならば、高い創発を実現するためには、両者の間に発生するコンフリクト

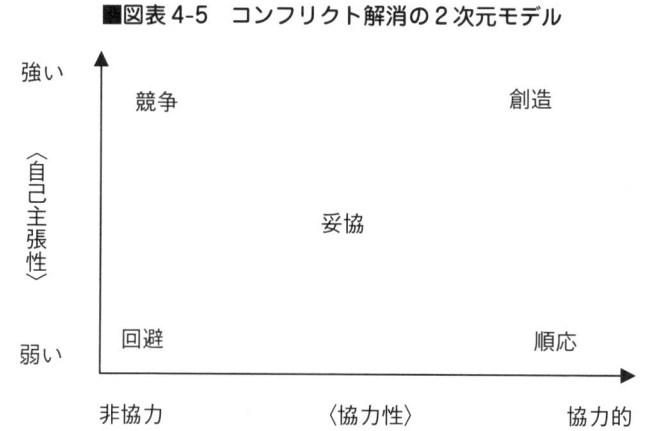

●第4章●創造型マーケティングの基本構造

■figure 図表4-5　コンフリクト解消の2次元モデル

```
強い ↑
     │  競争              創造
〈自己│
 主張│          妥協
 性〉│
     │  回避              順応
弱い │_____→
       非協力  〈協力性〉  協力的
```

出所：Kenneth Thomas（1976）。日本語訳参照：野中郁次郎（1980）p.162

（衝突、矛盾）を解消しなければならないからである。

　ケント・トーマスは、コンフリクト解消の2次元モデルを提唱した（図表4-5）。このモデルの縦軸は、自分自身の利害関係を満足させる意図をどの程度強くもっているか（自己主張性[※1]）を示し、横軸は他者の利害関係を満足させる意図をどの程度強くもっているか（協力性[※2]）を示している。また人が対立したときに、競争、回避、順応、妥協、創造のいずれかを選択することを示し、望ましいコンフリクト解消として、自己主張性が強くかつ協力的な場合に生じる協働（コラボレーション）としている。

　個人間の協力がないと決裂をもたらし、自己主張がないと馴れ合いが生ずる。自己主張と協力の両方を満たしてこそ協働が生まれ、その結果として創発が生じ、ミッションが再設定される。このような状況をつくりだしていくには、創造マインドが備わっていることが前提となる。

[※1, 2] 野中郁次郎（1980）p.162による日本語訳

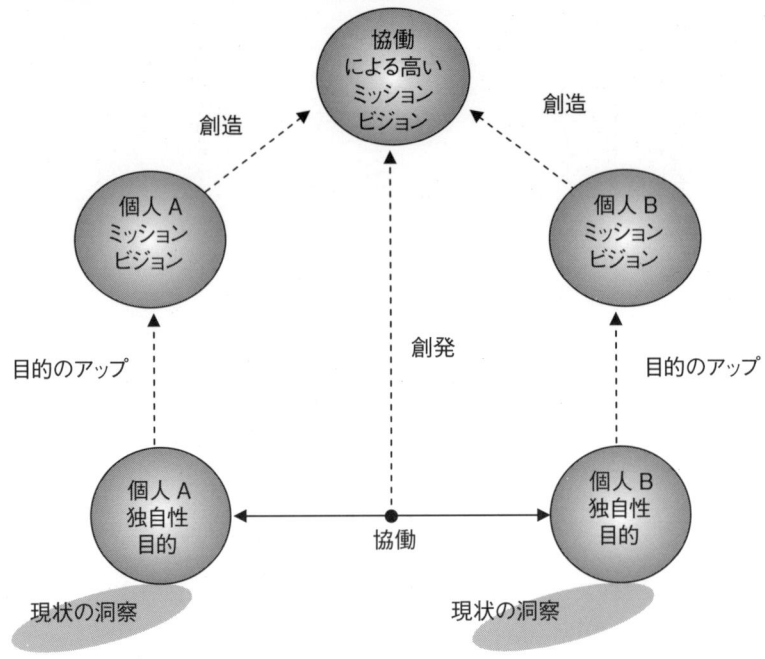

■図表4-6　個人間の協働による高いミッション、ビジョンの創造

異質な個人の協働の結果、再設定されるチームのミッションは、多くの場合、前述の目的の構造に基づいて共通目的を追求するため、各個人のミッションより高いところで再設定される（図表4-6）。

(2) チーム型組織による創造

さらにチームの人数が増えると各個人間における協働の結果として創発が生じ、より高いミッションが創造される（図表4-7）。またこれを経験することにより、さらに個人の創造マインドが高められる。

なお、自立し独自性をもつ個人は、必然的に能動的な活動を行おうとする。これは遠心力として作用することになる。つまり、何もなければバラバラに離散することになるのである。これを引き寄せ

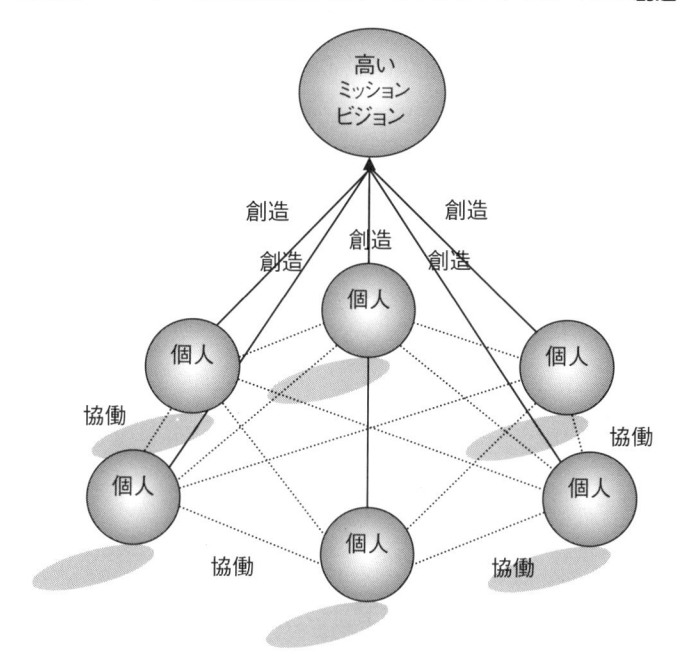

■図表 4-7　チーム型組織による高いミッション、ビジョンの創造

る求心力として、共有された高いミッションが作用する。この遠心力と求心力のバランスによって、チームが保たれることになる（図表 4-8）。

　ここでは、共有された高いミッションを達成するためにチームは一枚岩である必要はなく、個々の合意による緩やかな関係となる。このような関係とは、どのような状態であろうか。

　たとえば、チーム全員でベンチャー企業を起業したとしよう。その目的は共有されているのだが、Ａ氏はそこでベンチャー企業の経営を経験したうえで、さらにキャリアアップを図りたいと考えている。一方Ｂ氏は、そのベンチャー企業を他業種とのアライアンスにより一大コングロマリットに育てたいと考えている。またＣ氏は、

■図表4-8　求心力と遠心力

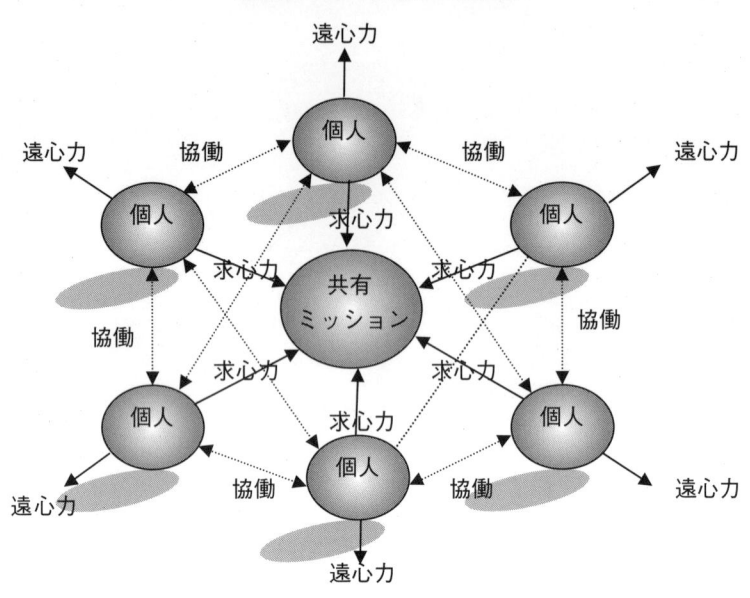

そのベンチャー企業からの収入で今抱えている負債をなくしたいと考えている。各自の思いはそれぞれあるが、全員がそのIT企業の成功を切に望んでおり、行動のレベルで一致しているという具合である。

　このような関係においては、状況の変化に応じて自発的にメンバーの入れ替わりが起こり得るのである。このようなメカニズムにより柔軟に状況変化に適応するとともに、一方で能動的に著しい変化を生み出していく。

第2節 企業間のマーケティング・モデル

1．ネットワーク内のマーケティング・モデル

（1） 単企業のモデル

　創造型マーケティングの企画において、個人やチームのモデルと企業単位のモデルは相似形となる。ただし、企業単位のモデルでは、経営理念※や戦略的要素を踏まえた活動になる。

　また、創造型マーケティングは、これまでにない新たな魅力をもつ新市場を創造するものなので、顧客へのインタビューやアンケー

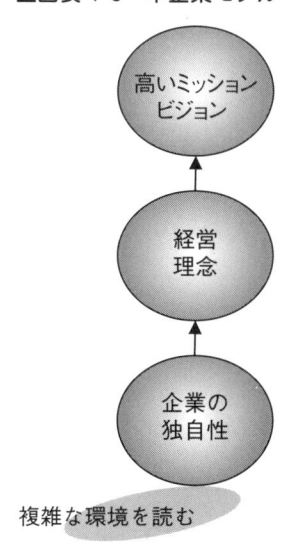

■図表4-9　単企業モデル

```
高いミッション
ビジョン
   ↑
 経営
 理念
   ↑
 企業の
 独自性

複雑な環境を読む
```

※ 第6章で詳述する。

トは有効に機能しない。よって、企業自らの独自性を踏まえ、これまでにない新しい魅力をもった高いミッションやビジョンを創造しなければならない（図表4-9）。

高いミッションやビジョンを創造する前提として、自社の経営理念を的確に理解しておかなければならない。この際、社会創り志向に基づき、社会のありかたをミッションとして提言していくことになるため、企業によっては、ミッションが自社の経営理念よりも高くなることも十分考えられる。その場合であっても、経営理念に沿ってミッションは設定されなければならない。

ただし、経営理念よりも新たに定めたミッションが高い位置にある場合には、経営理念の変更を考慮すべきである。

（2） 組織間の協働によるミッションの創造

組織間の協働によりミッションを再設定する場合、最初に考えて欲しいことがある。それは、グローバルな視点で継続する「人類の幸福」をつくるには、何をしなければならないかである。貧困をなくし、医療が行き届くようにしなければならない。それにより、地球上の人口は膨れ上がり、食料、水、エネルギーが大幅に不足することが目に見えている。また、福祉を充実させなければならないが、社会に活力をもたらす競争も必要である。安全や安心のニーズも満たしながら、もっと新しい価値をも提供することが必要となる。

社会創り志向に基づくミッションは、最終的な目的である「人類の幸福」に繋がっていく。これまでのマーケティングは目先のトレンドを追うことにとらわれ過ぎていたきらいがある。近年、社会的責任や、社会的使命をマーケティングのテーマに掲げた書籍も発行されている。また、社会の課題を、事業により解決しようとする考え方（ソーシャル・イノベーション）が一般化し、若者が社会貢献

型のビジネスを切り開く姿も見受けられる。そろそろ究極の状況を見据えたうえで、それに繋がるミッションを定めていく時代に入ってきたのではないだろうか。

　持続する「人類の幸福」を実現するには、我々は想像を超える困難を乗り越えなければならないだろう。その克服のための努力は報われるビジネスになるべきであるし、そこに膨大なビジネスの機会が生み出されるはずである。その中に物質的な面と精神的な面においても「顧客の想像を超えた価値」が見いだされてしかるべきである。また、営利組織としての企業すべてに、利益を度外視してまで社会的貢献を追求しなければならないという統制色の強い考え方も、現実的ではないだろう。世の中は聖人君子ばかりではない。「企業にとってもよいことが、社会にとってよいこと」である仕組みを全体で模索することを提案する。そのうえで、実現可能なミッションとビジョンを創造していく。

　創造型マーケティングを企画するうえでも、企業を取り巻く環境を広く深く洞察することが前提となる。複雑に絡んだシステム構造をもち、絶えず変化するネットワーク型社会において、物事を単純化して観ようとする姿勢は禁物である。複雑な状況をシステムとしてとらえ、その構造を把握することが求められる。また、著しい変化のもとでは、過去の教訓がそのときの状況に有効に作用するとは限らない。多様化している状況下で、自社だけの視点では社会から受け入れられる構想創りは望めないのである。

　このように、「社会創り志向」を目指す場合、企業一社だけでは社会創りまでの広がりを構想することは難しく、実現することも困難である。他の企業と協働することで広い支持を得て、社会に変化をもたらすより高いミッションを掲げ、ビジョンを創造しなければならない（図表4-10）。

■図表4-10　企業間の協働による高いミッション、ビジョンの創造

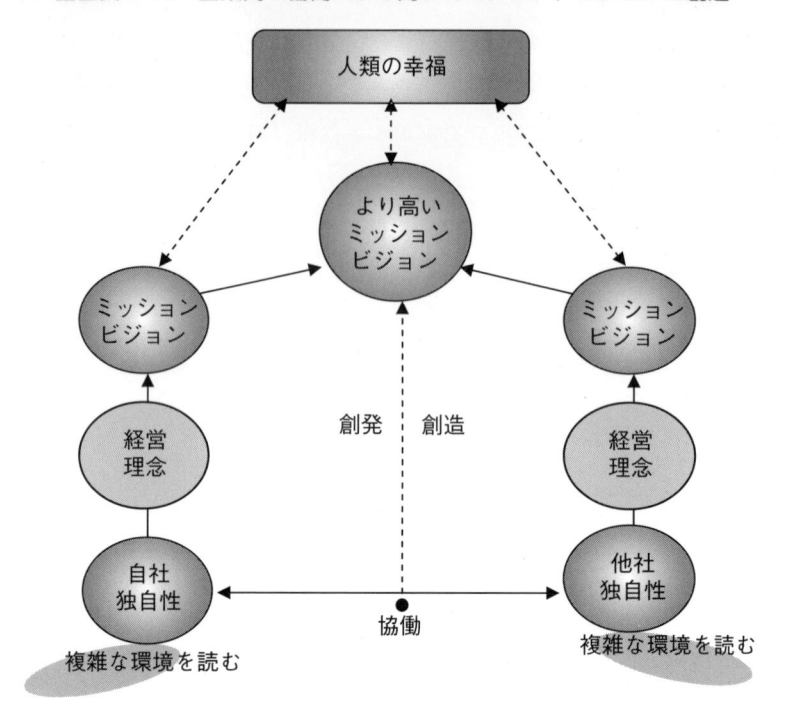

2．協働と競争の考え方

(1) 協働関係における競争優位

　企業が規模拡大を目指してM＆Aを行う場合は、一方が他方を吸収するケースが多い。自立性の高い企業同士や異業種間で高いミッションを掲げ、ビジョンを創造しようとする場合には対等な協働関係が望ましい。

　しかし、協働関係を築いた場合にも、利益の配分を巡ってイニシアチブをとるための競争が起こることが多い。双方の企業間に大きな保有資源の差が存在する場合には競争関係は明確であるが、保有

資源が拮抗する場合には構想力や交渉力が優劣を分けることになる。
　さらに、協働関係がスタートした後においても、長期的には時代を見極め、優れた構想力や交渉力をもって努力を重ねた企業が競争優位を獲得することになる。

(2)　DVD の規格競争の事例

　次世代 DVD の規格を巡って、東芝を中心とした HD-DVD と、ソニー・松下電器産業（現在のパナソニック：以後松下）を中心としたブルーレイとが電機メーカー、ソフト関連企業、映画製作企業などを巻き込みながらネットワーク間競争を繰り広げた。
　DVD の規格争いは、1990 年代にもあった。このときは東芝・松下の SD 方式とソニーの MMCD 方式との間に競争が繰り広げられた。東芝が規格づくりでワーナー社と連携し、これによって、アメリカの映画業界が SD 方式を支持したことで勝負がついた。そのため、次世代 DVD では、現行 DVD の延長線としたい東芝と新技術によって競争環境を変えたいソニーとの競争が焦点になった。
　HD-DVD とブルーレイの両陣営は、商品開発を進めると同時に、自分たちの方式の優位性を強調することで、多くの企業が自分たちのネットワークに加わってもらえるように働きかけた。
　HD-DVD の優位性は、現行 DVD との高い互換性とブルーレイに比べ低価格という点であった。この陣営には東芝・NEC を中心に三洋電機など電機メーカーとともに、規格競争に非常に大きな影響力をもつ映画製作企業からはワーナー、パラマウント、ユニバーサルが 2005 年までは参画していた。
　一方のブルーレイ陣営は、記憶容量の大きさ、データ転送速度、耐久性に優位性があった。この陣営にはソニー・松下に、日立製作所、LG 電子、パイオニア、フィリップス、サムスン電子、シャー

プ、トムソンといった多くの電機メーカーが参画した。それはソニーがブルーレイ技術を公開し、フィリップスやサムスン電子を陣営に引き込んだことにより、他の電機メーカーが追随したためである。また、映画企業からはソニー・ピクチャーズ、ウォルト・ディズニー、20世紀フォックスが参画した。

しかし、2005年10月に、ハリウッド最大手のワーナーとパラマウントがブルーレイ支持に回ったことから、小売店もいっせいにHD-DVDから鞍替えし、ブルーレイ優位に傾いていった。そして2008年2月に、東芝がHD-DVD事業の撤退を正式に発表し、次世代DVDの規格争いはブルーレイによる一本化が確定した。

(3) ネットワーク内企業における協働と競争

ネットワーク間競争が安定してくると、競争の焦点はネットワーク内の企業同士の競争に移ってくる。ネットワーク内競争に勝つには、ネットワーク間競争を繰り広げている段階から、ネットワーク間とネットワーク内の両方を睨む必要がある。

ネットワークを組む場合、協働によりミッションやビジョンをともに創り上げる企業が、そのままビジネス・モデル※を構成する企業になる。このときすでに、個々の企業は将来のビジネス・モデルを構想したうえで、戦略的にイニシアチブをとれるように進めなければならない。そのためには、図表4-11のモデルまで構想化したうえで、協働する企業とコンタクトしていくことが重要である。

また、顧客が供給側とともにパートナーとしてモデルに参画するケースが増えてきている。その場合には、顧客とともに協働し、創造したミッションとビジョンから生み出される価値が、顧客の当初

※「事業の仕組み」や「収益を生み出す仕組み」のこと（第7章で詳述する）。

● 第4章 ● 創造型マーケティングの基本構造

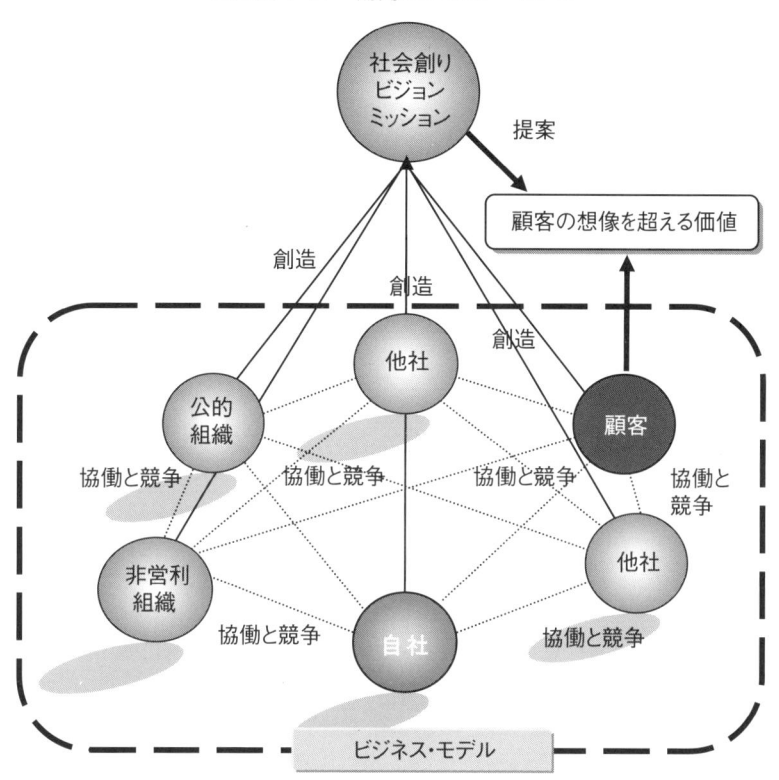

■図表4-11　協働ビジネス・モデル

の想像を超えた価値として供給される。

　なお、ビジネス・モデル形成時と形成後においては、必ず利益配分を巡る利害関係が企業間に生まれる。その際に、何らかのイニシアチブをとる必要が生まれる。そのために行うべきことは、システミックの要素とこれまでの検討から、以下のように導くことができる。
① 魅力的で他が合意できる高いミッションとビジョンを掲げることができること。
② 高いミッションとビジョンを実現するための資源（組織）を獲得できること。

③ビジネス・モデルに存在する組織間のコミュニケーションを設計し、コントロールできること。
④貢献すべき顧客に対して、ビジネス・モデル内で他に代え難い独自の価値を提供できること。

3．社会創り志向に向けたネットワーク形成

「社会創り志向」として、既存事業の枠組みを超えて成長をもたらす新市場をつくりだし、顧客の想像を超えた価値を創造するためには、企業間だけの協働とは限らない。ネットワークを形成する場合、環境問題などでは、非営利組織や公的組織と共同事業を実施している例は多い。電気自動車普及への取り組みで、モデルとなる県と、自動車や電気メーカー、国土交通省、経済産業省、ある私立大学が共同で協議会を立ち上げている。今後はモノづくりにおいても、研究領域では分析思考が進むものの、開発領域においては、顧客や社会のニーズを中心に多様な技術の知識が組み合わされ、統合される形での発展を遂げることになるだろう。

また主要な顧客とともに、ビジネス・モデルにおいて協働する試みはすでに始まっている。顧客とともに新しい価値を創造し「社会創り志向」を構築したビジネス・モデルの例として、バングラデシュのグラミン銀行が挙げられる。

バングラデシュは、ガンジス川流域に位置し、肥沃な土地のもとで多くの人たちが農業に従事していた。しかし、洪水や旱ばつに対して脆弱で、他国からの侵略も多かったため、教育水準が低く、医療および公衆衛生などの社会インフラが未整備であった。また過剰な人口、身分制度、政治汚職、貸金業者による貧困層からの搾取が日常的に行われているという社会構造上の問題も抱えていた。その

ため、貧困層はいくら働いても暮らしが向上せず、天災や戦争のたびに多くの餓死者や避難民が発生した。

このような状況を目のあたりにしたチッタゴン大学のムハマド・ユヌス経済学部教授は、机上で経済学を教えることより、貧困者が自立した生活ができるように支援することが必要であると強く感じた。そこで、1976年に一般の銀行からお金を借りることのできない貧困者に対して無担保で少額貸付を行う貧困撲滅計画（グラミン・バンク・プロジェクト）をスタートさせた。その後、1983年には60％政府出資のもとに、政令により特殊銀行としてグラミン銀行が設立された。そして、その総裁にはM・ユヌスが就任した。

グラミン銀行では、資金を借りるために担保は必要としない。その代わりに資金を借りる人たち（メンバー）は5人のグループをつくり、返済についてグループ内で連帯責任を負う。そのことで、返済について他のメンバーからの助言を受けることになる。また、メンバーは、毎週開かれる集会への参加が義務づけられる。この集会では識字教育、家族計画、職業教育などが行われるので、この面でもメンバーが、経済的に自立し、社会生活を営むための支援となる。

このようにグラミン銀行によって、貧困者が「低収入→少ない財産→高金利の借り入れ→低収入」というサイクルを断ち切り、「低金利の資金→新たな投資→収入の増加→財産の増加→新たな投資」というサイクルを回すことができる。実際グラミン銀行では、760万人以上の貧しい人々に貸付を行っており、返済率は99.5％である[1]。また、5年以上銀行の借り手となっている人々の64％が、貧困線を越えることができている[2]。

※1　ムハマド・ユヌス著／米倉誠一郎訳(2009)
※2　ムハマド・ユヌス著／猪熊弘子訳(2008)

グラミン銀行とM・ユヌスは、2006年に貧困層の経済的・社会的基盤の構築に対する貢献によりノーベル平和賞を受賞している。

4．ネットワーク間競争

ネットワーク間の競争においては、ビジネス・モデルに参画している組織が独自の戦略的な判断で、参画するネットワークを移動したり、複数のネットワークに参画したりするなど、複雑に入り組んだまま変化する。

このような状況において、単線的思考では競争優位を勝ち取ることが困難になる。そのため、より複線的な思考を身につけ、複雑さを容認する態度が求められ、競争戦略も、複雑さを考慮して対応していかなければならない。

図表4-12は、顧客がパートナーとなって協働するビジネス・モデル間の競争を表したものである。顧客は競合するネットワークのどちらに参画するのかを選択することになる。顧客の選択のポイントは、どちらのネットワークに参加することが自分に価値があるかということである。そのため、顧客がパートナーとなって協働するビジネス・モデル間の競争では、顧客に高い価値を提供することのできるビジネス・モデルが、優位な競争を展開することができるといえる。

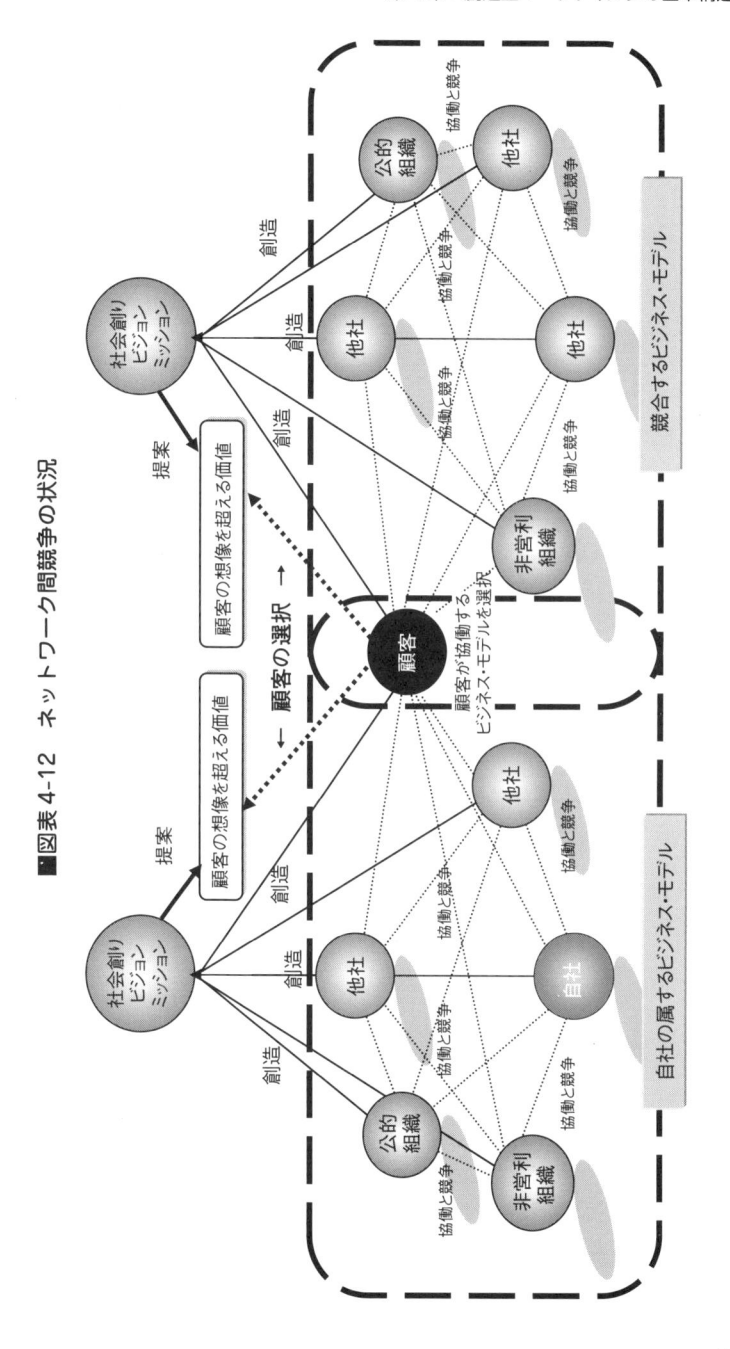

●第4章● 創造型マーケティングの基本構造

■図表4-12 ネットワーク間競争の状況

5. 創造型マーケティングの思考プロセス

　次に創造型マーケティングでは、どのような思考プロセスで進めるかということを考えてみたい。ここまでモデルの形成過程で考えてきたことが、そのまま創造型マーケティングにおける思考プロセスとなると考えてよい。図表4-13に創造型マーケティングのプロセスと第1章に記述した分析型のアプローチを並べて示す。

■図表4-13　分析型と創造型のマーケティングの思考プロセス

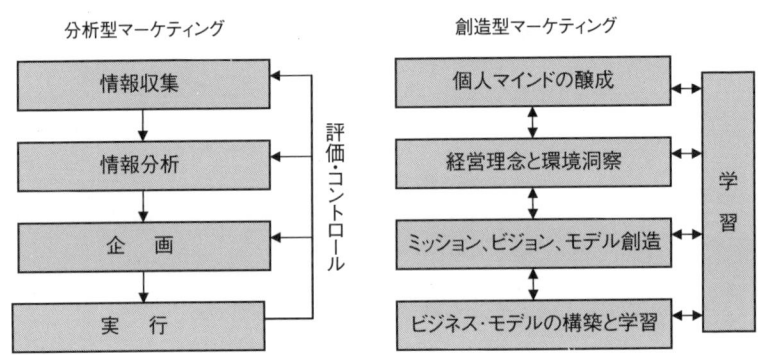

分析型マーケティング

```
情報収集  ←┐
   ↓      │
情報分析  ←┤ 評価・
   ↓      │ コントロール
企　画    ←┤
   ↓      │
実　行    ←┘
```

創造型マーケティング

```
個人マインドの醸成      ←┐
   ↕                      │
経営理念と環境洞察      ←┤ 学
   ↕                      │ 習
ミッション、ビジョン、モデル創造 ←┤
   ↕                      │
ビジネス・モデルの構築と学習 ←┘
```

　創造型マーケティングのプロセスが、分析型マーケティングと最も大きな違いは、最初に個人のモチベーションや創造性を重要視することである。しかし、実際にはすべての個人がそのように考える必要はない。また、それが望ましい状態とはいえない。与えられた仕事を、正確、迅速に完遂する人材があってこそ、この世の中が成り立つのである。重要なことは、企業特性や環境に応じて分析思考と創造思考および、ピラミッド型組織とネットワーク型組織をうまく組み合わせていくことである。

　また環境をよく観ることの必要性は、分析思考においても創造思

考においても大きくは変わらない。ただし、分析思考においては、環境から問題の原因を発見することが目的となるのに対して、創造思考では環境から多様な意味を見つけだし、これを創造に活用することが目的となる。

　創造思考においては文字通り、各個人や各組織がまず自ら創造しなければならない。そのうえで、他との協働による創発を起こしていく。自ら創造した構想が決して他の個人や組織の合意を得るとは限らない。さらに、顧客が見向きもしないかもしれない。それはあり得ることとして受け入れながら迅速に学習をし、機会を活かしていく。この「学習能力」と「学習の仕方を学ぶ能力」こそが、これからの企業の優越を分けることになる。

　創造型マーケティングでは、画一的なステップを直線的に進むのではなく、各フェイズを学習しながら行きつ戻りつ進行する。

6．商品企画の考え方

　商品は、購入してもらえなければ意味がない。つまり、購買可能性が存在することが前提となる。同時に、商品が現実に製造できなければやはり意味がない。これは実現可能性ということができる。したがって、購買可能性と実現可能性が両立したところに商品が生まれることになる。

　ここまで、組み立ててきた創造型マーケティングのモデルにおいて、購買可能性はどこに見いだすことができるのだろうか。「社会創り志向」におけるミッションとビジョンの実現に向けて現状を変化させていく際に、新たな市場創出の機会を見いだすことができる。図表4-14は、顧客がパートナーとしてビジネス・モデルに参画する場合の構図である。最初に、顧客は供給側に位置して、社会創りの

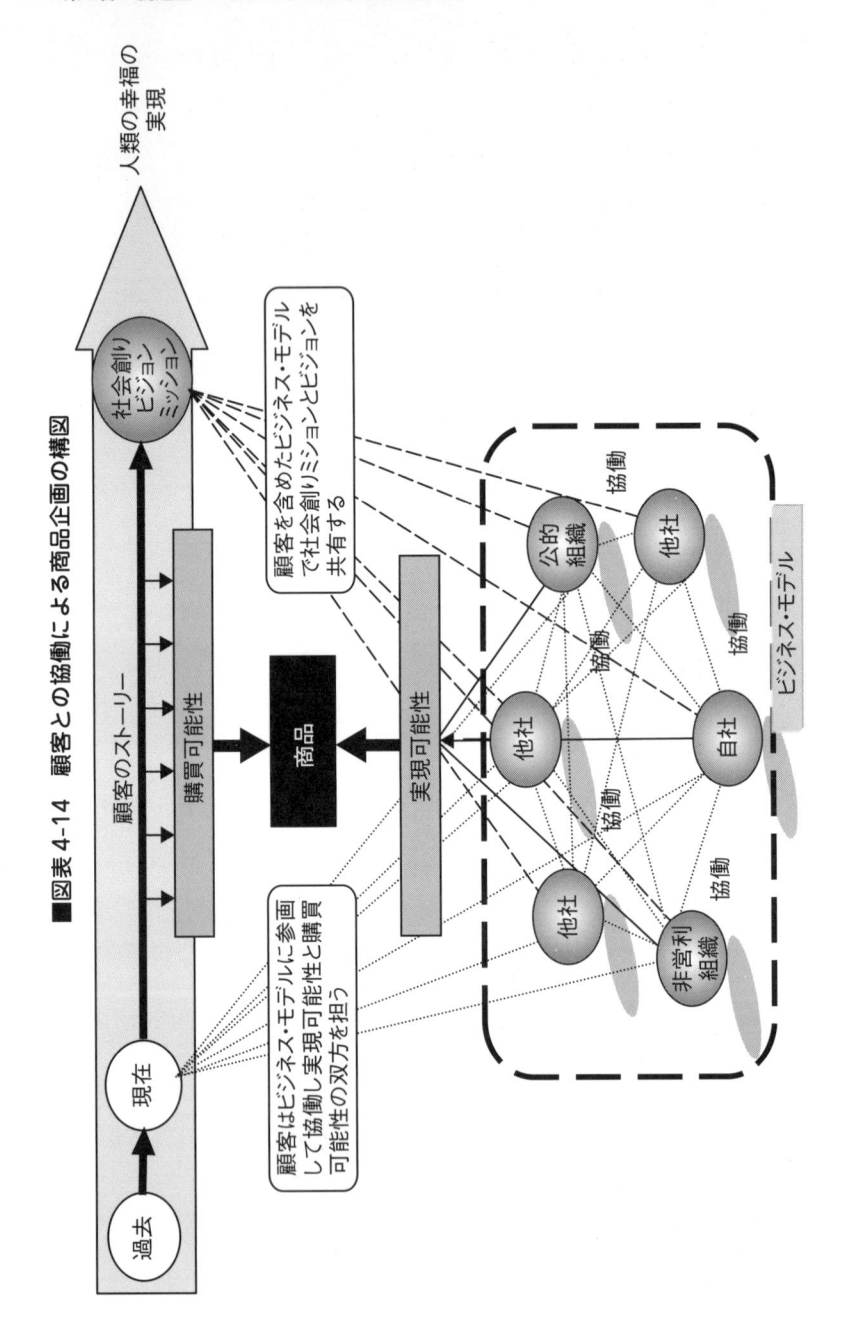

●第Ⅱ部●創造型マーケティングの考え方と進め方

■図表4-14 顧客との協働による商品企画の構図

ミッションとビジョン創造において協働する。これにより顧客自身が当初の想像を超えた価値を創り出すことになる。そのうえで、ビジネス・モデルのもつ実現可能性を高めるための一翼を担うことになる。さらに、顧客自身が過去・現在から将来に向けた自分のストーリーの中で購買を進める。このストーリーは自らがビジネス・モデルで協創したミッション、ビジョンを目指すものであり、購買可能性の源となる。そのミッション、ビジョンは、グローバルに「人類の幸福」を実現する過程にある。

このように考えると、顧客をパートナーとする創造型マーケティングとは、「顧客による顧客のための購買および社会活動を支援するもの」であることに気づく。はじめは、創造型マーケティングは、非常に蓋然性が高く、心もとない活動であるように思えたかもしれない。しかし、このような構造により、購買可能性と実現可能性が両立し、確実性の高い活動が実現できる。

消費市場の場合は、インターネットなどを通じて、供給側と情報発信力のあるオピニオンリーダーとの間で協働が行われる。そのプロセスと成果に共感する消費者が増えていくことになる。

このプロセスでは、過去・現在という流れの中で、企業と顧客とのインタラクティブなやりとりを通じて、ミッション、ビジョンをともに創造していく。これを継続することでストーリーが生まれてくる。

スポーツ・ビジネスは、このような状況を昔からつくりあげている。プロスポーツは、チーム側が一方的にゲームを提供するだけではない。たとえば、観客のまったくいないテレビ中継などは見ているほうも盛り上がりに欠ける。チームは熱心なファンやサポーターと喜怒哀楽をともにしながら、ゲームを盛り上げていく。またシーズンを越えて何年、何十年にわたり好調な期間や低迷期を共有して

いく。そこに自然に思い出とともにストーリーが生まれてくる。その結果、チームの個性は、チームの中だけでなく、熱狂的なファンやサポーターを核として、多くの人びとに共感を広げるという過程の中で創り出されていく。つまり、顧客自身が購買可能性を高め、かつ購買を行っていることになる。

ワールドカップやワールド・ベースボール・クラシックなどは世界規模で大きな社会現象を引き起こす。最初にこのようなイベントを考え出した人びとは、まさに社会創りを実現する商品を企画したことになる。国を代表するチームの成長や印象に残る場面は、世代を超えて語り継がれていく。

一方、実現可能性は、ネットワーク型組織の能力に規定される。ただし、単に参加している組織の能力の総和ではなく、創発によって生み出される新たな能力により、プラスアルファの能力を加えることができる。プラスアルファを生み出すような創発が高まるようなビジネス・モデルを構築できるか否かが、これまでにない魅力ある市場を創出できるか否かを左右し、顧客の想像を超えることができるかどうかを決定づける。そして、競争優位を獲得するための鍵となる。

7. 学習について

前述の通り、迅速に学習を成し得るか否かの能力が企業の優越を分けるといっても過言ではない。学習する主体としては個人と組織が存在するが、どちらも重要である。図表4-15は、創造型マーケティングを実践するために必要な学習を個人学習と組織学習に分けて整理したものである。それぞれについて意図的・計画的に進める必要がある。

●第4章●創造型マーケティングの基本構造

■図表4-15　創造型マーケティングを実践するために必要な学習

個人学習	組織学習
・場を読んだ結果と現実のギャップ ・ミッションを掲げた結果と周囲の反応のギャップ ・ミッションをビジョンに具体化した結果と周囲の反応のギャップ ・ビジョンを具体化する活動における現実とのギャップ	・組織に根ざした固定概念についての気づき ・ミッションを公に掲げた結果と周囲の反応のギャップ ・ミッションをビジョンに具体化した結果と周囲の反応のギャップ ・ビジネス・モデルの構想にかかわる他組織と認識のギャップ ・ビジネス・モデルを稼動させた際の現実とのギャップ

　この活動において、個人や組織が最初に描いた構想と現実とのギャップを、包み隠さず明らかにしなければならい。このようなことは、ピラミッド型組織では表面に出にくかった。しかし、これが学習において不可欠な条件となる。

　このギャップの中に、多くのリスクや機会が含まれている。したがって、学習のプロセスが適切に行われるならば、リスク管理が可能となり、機会を活かすことにも繋がっていく。

　学習は極めて重要な正規の業務であるととらえなければならない。経営トップの方針のもとで強力に推進することが望まれる。

8.「社会創り志向」の要件

　ここまでで、第3章の最後に紹介した創造型マーケティングが目指す「社会創り志向」の要件を満たしたかどうかを整理してみよう。
●ニーズの種類：多様化
　───ビジネス・モデルに多様な人・組織が含まれることにより、多様性がある。また、顧客がパートナーとなるケースもあ

り、精神的な側面への対応も可能としている。

● **ニーズのレベル：さらなる高度化**
　───「人類の幸福」の実現をも視野に入れるとともに、協働と創発により、顧客のより高いニーズを先取りすることができる。

● **ニーズの変化：著しい**
　───自立した個人と組織の合意に基づく入れ替えがより自由な組織体制となっており、ニーズの変化に応じて、ビジネス・モデルが変化する。そして、迅速に学習する。

● **視点：多面的**
　───環境を複雑なシステムとしてとらえ、多面的に洞察するとともに、多様な人・組織の協働により、多くの代替案が提示される検討プロセスを有している。

● **思考：創造的**
　───マーケティングにかかわる個人の創造マインドの醸成から始まり、協働と創発により、ありたい姿を創造し、現状を、ありたい姿に引き上げるという創造型問題解決の構造をもつ。

　以上の要件を満たすべく、抽象的で概観的にモデル創りを進めてきた。

第5章

創造型マーケティングの具体的な進め方(1)
個人マインドの醸成

「創造する必要性は感じているが、社員も社風も創造的とはいえない会社で、どう進めていけばよいのか」と困惑気味の経営者は少なくない。創造型マーケティングを進めるための土台づくりとして、個人およびチームのレベルで創造的なマインドを高めておかなければならない。

第4章	創造型マーケティングの基本構造
第5章	創造型マーケティングの具体的な進め方(1) **個人マインドの醸成**
第6章	創造型マーケティングの具体的な進め方(2) **経営理念と環境洞察**
第7章	創造型マーケティングの具体的な進め方(3) **ミッション、ビジョン、モデルの創造**
第8章	創造型マーケティングの具体的な進め方(4) **ビジネス・モデルの構築と学習**

第1節 個人からネットワークづくりへ

1．個人の自立とマインドづくり

　創造性の発揮が必要になるネットワーク型社会において、創造の主体である個人が重要であることは前述の通りである。また、個人間の協働により創発が生まれるが、そもそも協働に向けた個人のモチベーションが高くなければ思った通りの成果を上げることができない。ゆえに、まず自立した個人としてのモチベーション・アップと創造マインドづくりから着手することが必須であり近道である。そして、身近なところから取り組みをスタートさせることが効果的である。

　モチベーションがアップした例として、それまで上司から与えられていた仕事しかこなしていなかった社員が、自ら創り出し実行するという経験により、上司が驚くほどの積極性を発揮し始めることがある。自ら仕事を創り出すプロセスは、それまで気づかなかった自分を発見する連続である。特に、自分で達成したいことであり、同時に、組織においても意義があると感じる高い目的を発見した場面で、自覚を強める社員が多い。

　それでは、創造マインドづくりには、どのようなことをしたらよいのであろうか。創造的な仕事を行いたくても、どのように創造したらよいのか、その進め方がわからないという社員も少なくない。しかし、仕事を創り出すためのプロセスを一度経験することにより、創造のための手法を習得し、それ以降は自ら活用できるようになる。

以上のことを踏まえて、個人マインドづくりであるモチベーション・アップと創造マインドづくりについては、本章第2節で詳述する。

2．創造性の発揮に向けた環境づくり

　自分ならではの達成したい目的があり、同時に、組織においても意義があると感じる高い使命感をもった社員は、その実現のために、周囲の協力を得ようと能動的に動き始める。なぜならば、ミッションと信じるところを実現するには、それに応じた周囲の協力が必要になるからである。ここから協働活動が始まり、次第にネットワーク型のチームが形成されていく。

　しかし、現実には自分の思い描いた通りに事が進まないことのほうが多い。そこに学習の余地が生まれることになる。ただし、あまりに現実とのギャップが大きいと、そこで挫折してしまうことになる。挫折して再起が難しいようでは、むしろ逆効果である。したがって、上司がそれを支え、創造性を発揮させるための環境づくりが欠かせない。

　また、創造は手法だけ習得すれば実行できる、というものではない。自分の人となりを見つめなければならない。それは、個人のもつ業務上の専門性を活かすためのスキルや志向性である。ここでのスキルとは、思考様式や行動様式を指す。また志向性は、仕事を行う際の前提となる価値観と態度のことである。自分がどのようなスキルと志向性を身につけてきたかを棚卸しした後に、独自の新しいスキル・志向性を築くための学習を進めていかなければならない。

　ネットワークづくりと学習については、本章第3節で述べる。

第2節 個人のマインドづくりの進め方

1．現状の洞察を行う

　分析思考においても、創造思考においても、洞察すなわち現状をより的確に把握することからスタートする。現状とは過去からの蓄積の結果であり、将来起こり得ることも現状を経て起こる。人が将来を想像したり予想したりする場合でも、その材料は過去と現在にしかない。何よりも現状をより的確にとらえることが第一となる。

　分析思考では現状を観察し、問題の原因を発見する。一方、創造思考では、現状を洞察し、自分の独自性を自覚することで未来を築くための土台づくりを行う。洞察の進め方は図表5-1の通りである。

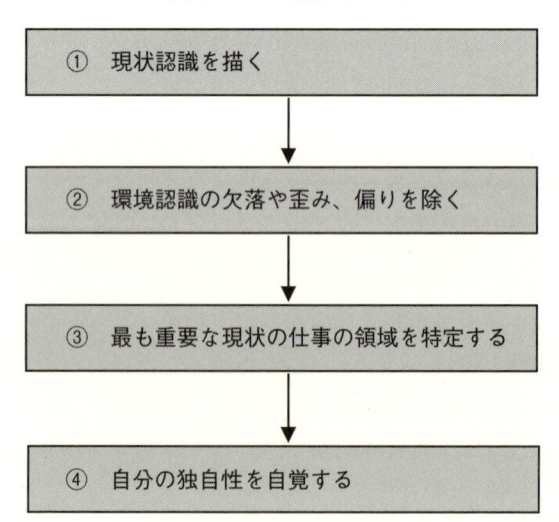

■図表5-1　洞察の進め方

① 現状認識を描く
　↓
② 環境認識の欠落や歪み、偏りを除く
　↓
③ 最も重要な現状の仕事の領域を特定する
　↓
④ 自分の独自性を自覚する

（1） 現状認識を描く

　まず、個人の仕事にかかわる現状認識をあるがままに記述する。この際に、文章による記述だけでは、複雑に入り組んだ実情、その場に漂う雰囲気、人の心象などを表現することは容易ではない。特にシステム化して混沌の度合いを増す今日においては、直線的思考ではなく複線的思考を用いて表現することが求められる。

　そのために、図や絵を用いて状況を描く手法が用いられる。イギリスの著述家であるトニー・ブザンによる「マインド・マップ」、ピーター・チェックランドらの「リッチ・ピクチャー」という手法がビジネスで用いられている。「リッチ・ピクチャー」は絵、図、文字、数字により現状を描写するが、記述方法は自由である。

　ここでは、ネットワーク型構造を意識して、「マインド・マップ」と「リッチ・ピクチャー」を組み合わせたような描き方をする。たしかに、現状すべてが必ずしもネットワーク型の構造になっているとは限らない。しかし、そのような場合でも、現状をネットワーク型構造で描いて、アウトプットである社員個人の新しい仕事の枠組みとの差異を認識しやすくする。この図をここでは「環境認識図」と呼ぶ（図表5-2）。なお、本書では絵を用いていないが、人・組織は絵を用いて生き生きと表現することを推奨する。

　記述方法は以下の通りである。順番は問わない。書きやすいように記述すればよい。

◎環境認識の中に登場する人・組織を絵により生き生きと表情豊かに配置し、描く。配置や絵の大きさ表情などは自由である。
◎登場する人・組織の考えや感じていることを漫画の吹き出しを用いて具体的に記述する。固有名詞や数字を入れるなど、目に浮か

ぶようにした表現が好ましい。

◎それら登場する人・組織間にコミュニケーションや関係性が存在する場合は、矢印で結ぶ。矢印の太さや、実線か点線か、片側か双方向の矢印かなど、どのような矢印を用いるかは自由である。自分の感性に合わせて用いるとよい。

◎さらに、矢印のもつコミュニケーションや関係性の内容を具体的に矢印に付記する。どのような力関係か、どのような指示・命令・報告・相談・連絡がなされているのか、どのようなモノ・金・契約・情報が流れているのかの内容を文字や数字で記述する。

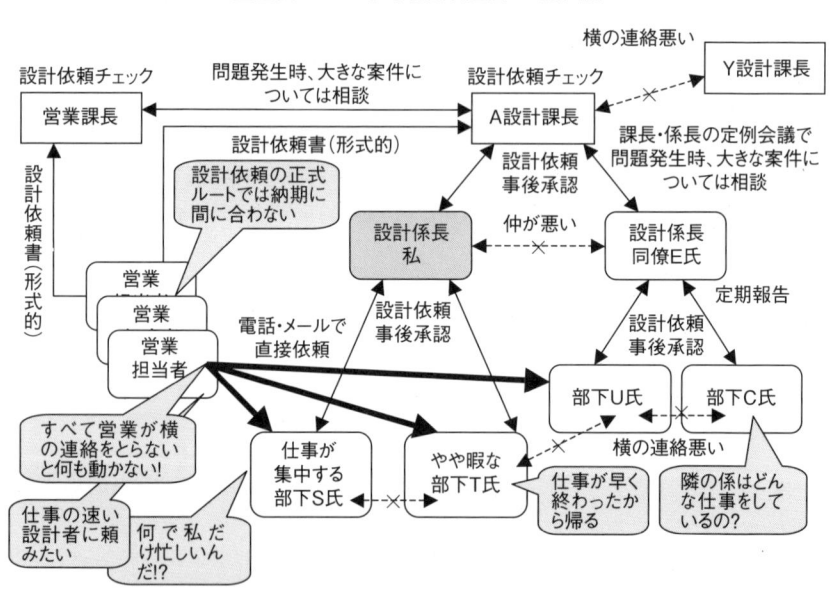

■図表5-2　「環境認識図」の記入例

〈問題状況の定義：設計担当間のコミュニケーションが悪い〉

(2) 環境認識の欠落や歪み、偏りを除く

　環境をどのようにとらえているかは、人それぞれである。決してそこに存在するものをすべて認識しているとは限らない。

　環境認識は、人や立場によって異なる。たとえば、毎日遅くまで事務所で仕事を続けている上司に対して、「仕事熱心で立派な上司だ」と感心する部下もいる。一方、「上司が遅くまで残っていると、部下が遠慮して帰れない。部下に気配りのない上司だ」などと考える部下もいる。ところが、上司当人は「早く帰りたいのに、仕事が多過ぎてなかなか帰れない」と悩んでいたなどということも現実にはありがちである。

　また、夫婦間で交わされる会話で、髪型を変えたにもかかわらずそれに気づかないでいると、「ねえ、何か変わったのに気づかない？」「えっ、気がつかないの？　もう私には興味がないのね」という次第で喧嘩に発展するというように、人間は視界に入っていても興味がなければ認識しないことなど、環境認識には多かれ少なかれ何らかの欠落が含まれている。

　したがって、どの認識が正しくどれが間違っているかは、なかなか断定することはできない。しかし、狭い視野で、見方が欠落し、歪んだり偏ったりしている認識から生まれる言動では、多くの人を納得させることは難しい。一方、環境を広くとらえ、その環境にかかわる状況を踏まえたうえで認識を形成できれば、より多くの人に納得を与える言動が可能となる。

　また、環境を狭くしか観ていない人は、目先のことしか意識になく、高い目的には意が及ばないものである。よって、次の要領で環境認識の拡大と欠落、歪み、偏りを除いていく。

◎最初にとらえた環境認識の範囲を拡大する
◎環境に存在する人や組織の立場に立って多様に解釈する
◎認識が論理的に説明できるかどうか検証する

(3) 最も重要な現状の仕事の領域を特定する

　環境を広くとらえ、認識の歪みを取り除くに従って、自分の仕事の意味や立場に関して、いろいろな見方ができるようになる。その中から現状における自分の存在意義として、最も納得性が高く妥当であろうと思われる定義を選択する。

　ここでは、分析的な妥当性の評価などを行う必要はない。後で変更しても構わないので、「これだ」と思う表現を選択すればよい。そのうえで、自分の現状の仕事の中で最も欠くべからざる重要な仕事を作業レベルで「〜を〜すること」と表現する。複数でも構わないが厳選して絞り込んだほうがよい。

　この作業は簡単なようで案外とそうではない。自分の本来の仕事を見誤っていることが少なくない。営業担当者や技術者、他の部門でもよく出てくる例が「後輩を育てる」である。たしかに後輩を一人前に育てることは重要なことであり、自分や職場そして後輩当人にとっても有益なことである。しかし、「では、後輩を育てるのがあなたの専門ですか」と質問すると、「そうではない」という答えが返ってくる。自分が真に追求すべき専門性や存在意義について、日頃十分には考えていないものである。

(4) 自分の独自性を自覚する

　ここで自覚して欲しい独自性とは、自分に備わっている他人とは異なる長所のことである。分析思考のピラミッド型構造の中で仕事を続けていると、「出る杭は打たれる」のごとく、自分の独自性が

抑制されることが多い。自分の主張を押し通すことなく、周りの平均的な意見に従って行動をとり続けていると、独自性を育てる余地などなくなってしまう。上司の命令にのみ従っていても同様である。実際に、自分の独自性を見いだせない社員を多く見かける。

このように独自の能力が自覚できない場合は、自分なりのこだわりや、今後こだわりたいこと、興味があること、今後傾注したいことでも十分である。これらの中から1つ以上を自分の独自性と考え、記述しておく。明確に自覚したうえで意図的に独自性を伸ばそうとしないと、日常業務の中に埋没してしまうことになる。

2．ミッション、ビジョン、仕事の枠組みの創造

ここまで、現状の環境認識を広げ、歪みと偏りと欠落を除いてきた。これにより、多くの関係者を納得させる土台固めができ、これから築いていく自分のミッションを、より高く、より妥当な方向で創造することができる。

(1) 高くまっすぐミッションを掲げる

ミッションは目的の一種である。一般に「かっこよくなりたい」とか「体重をもう少し減らしたい」などは、個人的な目的であってもミッションとはいえない。目的を高く上げることで、初めて周囲に貢献することが可能となる。そのうえで、周囲にその実現を約束することにより、目的はミッションへと変わる。

ミッションを決めるためには、何よりも自分自身が「これこそ自分のやりたいことであり、なすべきことだ！」と感じなければならない。そのうえで周囲も能動的に合意してくれることが重要である。「やりがいがある」「なんとか実現したい」と思える目的が必ず見つ

かるものである。

　そして、自分の独自性を盛り込むことによって、自分らしいミッションとなる。自分らしいミッションを発見することにより、高いモチベーションを獲得することができる。

　このような、その目的を追求する考え方は、江崎通彦による「PMD（Purpose Measure Diagram）手法」、また、ジェラルド・ナドラーと日比野省三を主な研究者とする「ブレイクスルー思考」などで示されている。

■図表5-3　ミッション設定のための目的のレベルアップの例

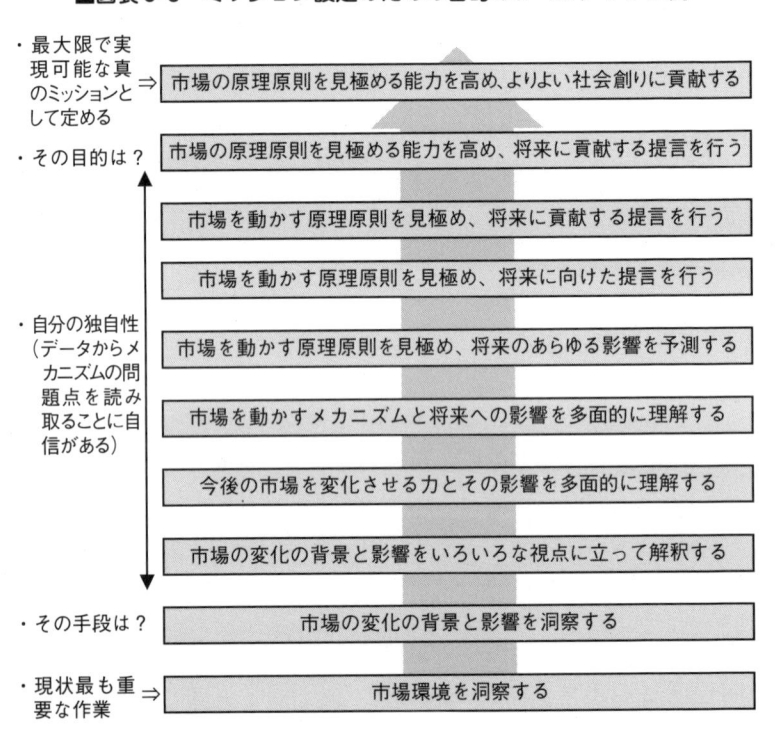

・最大限で実現可能な真のミッションとして定める ⇒	市場の原理原則を見極める能力を高め、よりよい社会創りに貢献する
・その目的は？	市場の原理原則を見極める能力を高め、将来に貢献する提言を行う
	市場を動かす原理原則を見極め、将来に貢献する提言を行う
	市場を動かす原理原則を見極め、将来に向けた提言を行う
・自分の独自性（データからメカニズムの問題点を読み取ることに自信がある）	市場を動かす原理原則を見極め、将来のあらゆる影響を予測する
	市場を動かすメカニズムと将来への影響を多面的に理解する
	今後の市場を変化させる力とその影響を多面的に理解する
	市場の変化の背景と影響をいろいろな視点に立って解釈する
・その手段は？	市場の変化の背景と影響を洞察する
・現状最も重要な作業 ⇒	市場環境を洞察する

(2) ビジョンを描く

　ビジョンとは、ミッションが実現した姿を目に浮かぶように描いたものである。図表5-4にミッションをビジョンに具体化する視点を述べる。社会創り志向のマーケティングでは、企業がミッションを実現することにより、新しい価値を享受できるすべての人たちのことを「貢献対象」という。貢献対象の中で、企業に対して対価を払うことで価値を得るのが顧客である。

■図表5-4　ビジョンの具体化

視点	留意点	具体例
Who What	貢献対象は誰か、そして、その貢献対象が得る効用は何かを貢献対象の視点で定義できなければならない。	「オーディオのハイエンド・ユーザーに個人のオーディオルームに応じた好みの音響を提供する」 これは顧客の視点では「自分の部屋に最適な自分だけの音を楽しむ」などという表現になる。
Why	それが貢献対象にとって、なぜ高い価値をもたらすのかをも明らかにすることが望ましい。	記入例：ハイエンド・ユーザーは、感性が鋭く、いささかの違和感にも敏感に反応する。しかし、当社も含めてそこまで実現している会社はない。
How	それを達成するための主な手段の概要を示す。	記入例：ハイエンド・ユーザーに商品づくりにかかわってもらい、自分がつくった、自分だけのという感覚をもってもらう。
When What degree	いつまでに、どの程度達成するのかを明らかにする。	記入例：1年後を目処に、ハイエンド・ユーザーの他社比較評価で10ポイントの差を実現し、シェアを20％拡大する。
Where	その手段は、どの範囲で活動が展開されることになるのかを示す。	記入例：ハイエンド・ユーザーの中でオピニオンリーダーに参画をお願いし、営業本部とマーケティング本部が協働し、商品企画部、開発部に情報システムを巻き込んで展開する。

この段階で検討すべきは、自分が掲げたミッションに、図表5-4の〔Where〕において記述した個人や組織が能動的な合意を示してくれるだろうか、ということである。それぞれの視点に自分を置いてチェックすることになるが、現実に働きかけるまではわからない。この段階では、自分の頭の中で深く洞察を試みる姿勢が重要なのである。

(3) 仕事の枠組みを設計する

仕事の枠組みづくりのために、WhoとWhatを絶えず念頭に置きながら、HowとWhereをさらに具体化していくことになる。現状から目的を高く掲げてミッションとして定めたことにより、そのミッションを達成するためには必然的に、現状よりも多くの資源が必要となる。つまり、これまで付き合いのなかった人や部門と新しい関係を築き、協働を進めることになる。

ここでは、具体的に誰、またはどの組織と協働していくかを選択する。次に、その個人・組織間のコミュニケーションを、貢献対象とその提供価値を最も効果的かつ効率的に実現できるように設計する。さらに、そのコミュニケーションを自分がコントロールできる仕組みづくりをしなければならない。

そのような状況をネットワーク型のモデルとして描く。これを「新たな仕事の枠組み」と呼ぶ。描き方は、「環境認識図」とほぼ同じである。異なるところは、環境認識図が現状をありのままに描いたものであるのに対して、新たな仕事の枠組みは、自分が意図的に設計し、創り出したモデルだということである。

新たな仕事の枠組みの記述方法は、次の通りである。環境認識図のときと同様に、順番は問わないので、個人の書きやすいように記述すればよい。

■図表5-5 「新たな仕事の枠組み」の記入例

〈新たな使命：部門をこえて、顧客ニーズを超える提案が可能な体制をつくる〉

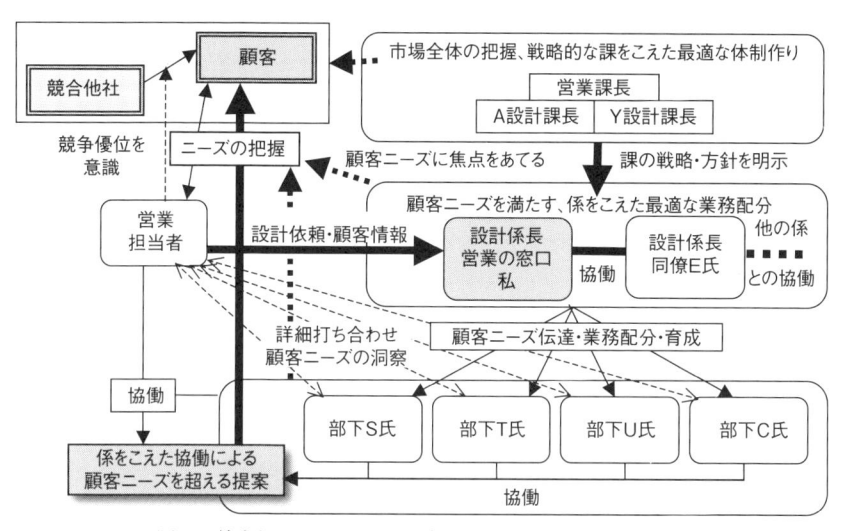

```
                        ┌─ 市場全体の把握、戦略的な課をこえた最適な体制作り
    ┌─────┐   ┌─顧客─┐ │  ┌─────────────┐
    │競合他社│   │     │←┤  │   営業課長        │
    └─────┘   └─────┘    │ ┌──────┬──────┐│
        ↑         ↑          │ │A設計課長│Y設計課長 ││
    競争優位を  ニーズの把握   │ └──────┴──────┘│
    意識                      └─────────────┘
                顧客ニーズに焦点をあてる   課の戦略・方針を明示
    ┌─────┐                ┌──────────────────────┐
    │営業     │                │顧客ニーズを満たす、係をこえた最適な業務配分│
    │担当者   │ 設計依頼・顧客情報  ┌────┐ 協働 ┌────┐  他の係
    └─────┘─────────→│設計係長│────│設計係長│‥‥との協働
                              │営業の窓口│      │同僚E氏 │
                              │  私    │      └────┘
                              └────┘
            詳細打ち合わせ    │ 顧客ニーズ伝達・業務配分・育成
            顧客ニーズの洞察  ↓ ↓ ↓ ↓
       協働                ┌───┬───┬───┬───┐
    ┌──────────┐   │部下S氏│部下T氏│部下U氏│部下C氏│
    │係をこえた協働による│   └───┴───┴───┴───┘
    │顧客ニーズを超える提案│              協働
    └──────────┘
```

＊この図では絵を用いていないが、絵で生き生きと表現することを推奨する。

◎新たな仕事の枠組みに参画してもらう人・組織を、表情を想像して絵で豊かに配置し描く。配置や絵の大きさ表情などは自由である。

◎それら、人・組織の考えや感じていることを想定し、吹き出しを用いて記述する。目に浮かぶような表現が好ましい。

◎それらの人・組織間のコミュニケーションや関係性を設計し矢印で結ぶ。矢印の太さ、実線か点線か、片側か双方向かなど、どのような矢印を用いるかは自由である。自分の設計意図が表現できるようにするとよい。

◎さらに、矢印のもつコミュニケーションや関係性の内容を具体的に矢印に付記する。どのような力関係か、どのような指示・命令・報告・相談・連絡がなされているのか、どのようなモノ・

金・情報が流れているのかの内容を文字や数字で記述する。その際に、全体のコミュニケーションを自分がコントロールできるように工夫する。

環境認識図と新たな仕事の枠組みを並べて比較すると、現状とこれから自分が取り組もうとする仕事の枠組みの違いが明確になる。

第3節 ネットワークづくりと学習

　新たな仕事の枠組みは、自分の頭の中だけで描いたモデルである。環境認識が甘かった場合には、単なる幻想や錯覚に過ぎないかもしれないが、これは実際に仕事を進める中で明らかになってくる。

1．ネットワークづくり

　創造型マーケティングの活動を企業内で進める場合には、この活動に参加した人が、自分の創り出した新たな仕事の枠組みをお互いに確認し合うことになる。すると、多くの場合、他のメンバーの新たな仕事の枠組みの中に、登場人物として自分が組み込まれていることがわかる。このように新たな仕事の枠組みの中で、互いに協働するネットワークが形成される。

　また、新たな仕事の枠組みの実現性の是非を巡って、当然、議論が起こる。議論の結果、ミッションから挑戦的な取り組みが失せたり、一部の社員の新たな仕事の枠組み自体が実現性の壁に阻まれて瓦解したりすることがないように配慮しなければならない。修正を加えつつも、さらに実現可能でより挑戦的な高いミッションへと創発性が生まれるような状況をつくることが重要である。これにより創造マインドが養われる。

　最終的には、全員の新たな仕事の枠組みを統合した組織的な新たな仕事の枠組みが描けるならば、個人のモチベーション・アップと創造マインドづくりに留まらない成果を生み出せることになる。

2. 学習とスキル・志向性

　新たな仕事の枠組みと現実の乖離が大きかった社員ほど、学習すべき余地が大きいと前向きにとらえるべきである。それは著しい変化の中で学習する能力を養うことこそが、今後を生き残る鍵となるからである。

　この活動は、新たな仕事の枠組みの実現に向けて修正された後、実現計画が作成される。その計画に基づいて、これまで関係性のなかった人や組織に向けて説得の働きかけを進めていく。その都度、思い描いた光景と異なる反応を体験することになる。したがって、その度ごとに学習の機会が与えられるわけである。

　どこが、なぜ、想定と異なったのか、何を観て、何を観ていなかったのか、自分が現実と異なる意味づけをしていた背景は何か、など多くのことを振り返るとよい。振り返るべきポイントは、図表5-6の通りである。

　個人に成功体験を積ませることで、モチベーション・アップと創造マインドづくりを行うことになるが、特に上司の理解と支援が不可欠である。

　また、仕事の枠組み創りと並行して、個人のスキルと志向性を振り返ることにより、実務と人間的側面が相乗的に作用して、モチベーションが持続する。

　ネットワーク型社会に求められるスキルは、大きく、創造、企画、実行に分けられる。創造は、環境の洞察からミッション創りまでの作業に必要なスキルである。企画は、ビジョン創りから仕事の枠組みづくりに求められる。実行は、仕事の枠組みを具現化して、さらに次の活動に繋げていくために必要なスキルである。

　志向性で重要なことは、社会全体を視野に入れて思考し行動する

態度である。今後は、企業も社会創りに参画していくことになる。個人がそのような視野をもっていなければ、企業活動が社会創りに向かうはずもない。もう1つ重要なことは、個人を大事にする志向である。これからの社会や組織は、多様な個人が自ら形成していくものである。

　もちろん、社員全員が創造マインドに溢れる状態は実現困難であろうし、また望ましい状態とはいえない。与えられた仕事を実直に正確に遂行する人が存在するからこそ、社会も企業も成り立つのである。要は、それぞれの個性を生かして、最適な組み合わせを実現することにある。しかし、高い創造マインドをもち、かつそれを遂行できる人がもっと増えてもよいはずである。

■図表5-6　「新たな仕事の枠組み」における振り返りのポイント

視点	ポイント
環境認識	●十分広くとらえていたか ●見落としはなったか ●独りよがりの解釈をしていなかったか
現状把握	●自分の現状の存在意義の解釈は正しかったか ●自分にとって最も重要な仕事の選択は正しかったか ●自分の独自性の認識は間違っていなかったか
ミッション	●貢献対象や周囲の合意を得られたのか ●挑戦的なものであったか ●実現可能なものだったか
ビジョン	●貢献対象や周囲の合意を得られたのか ●目に浮かぶように描けたか ●実現可能なものだったか
仕事の枠組み	●貢献対象や周囲の合意を得られたのか ●実現可能なものだったか ●現実と乖離し、チャレンジ精神を失っていないか

第6章

創造型マーケティングの具体的な進め方(2)
経営理念と環境洞察

前章の「個人マインドの醸成」と、本章から始まる企業における創造型マーケティングの体系は、ともにネットワーク型構造をもっている。したがって、前章の活動を経験した社員が創造型マーケティングに取り組む場合は理解が深まっており、習得が速い。

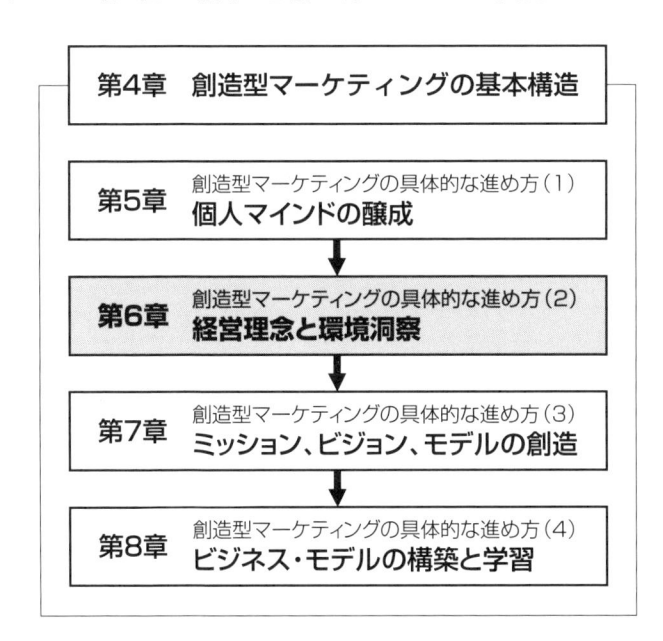

第4章	創造型マーケティングの基本構造
第5章	創造型マーケティングの具体的な進め方(1) **個人マインドの醸成**
第6章	創造型マーケティングの具体的な進め方(2) **経営理念と環境洞察**
第7章	創造型マーケティングの具体的な進め方(3) **ミッション、ビジョン、モデルの創造**
第8章	創造型マーケティングの具体的な進め方(4) **ビジネス・モデルの構築と学習**

第1節 経営理念の理解

1．最初に経営理念ありき

　環境を洞察する前に、行っておくべきことがある。それは自社の経営理念を的確に理解しておくことである。経営理念は、企業によっては社是や社訓ともいわれることがあり、企業の主体的な価値観を表している。戦略は意思決定の連鎖を経て策定されるが、意思決定の前提となるのがこの経営理念である。したがって、企業のあらゆる活動は、経営理念に則って遂行されることになる。もちろん、マーケティング活動もその例外ではない。

　企業によって経営理念の表現は異なるが、これを深く読み取ることにより企業の将来像の大枠を浮かび上がらせることができる。これが、マーケティングの基本指針となる。社会創り志向をコンセプトとする創造型マーケティングにおけるミッションやビジョンも、経営理念を満たすものでなければならない。

　経営理念は、長期にわたり目指すべき組織全体のあり方を示しており、表現は抽象的である。一方、マーケティングは経営環境に対応した現実的な活動である。したがって、双方の架け橋として、経営理念を現在と将来の経営環境に照らして具体的に解釈するプロセスが必要となる。

2．経営理念を具体的に解釈する

　経営理念を正しく具体的に解釈するために、どのような検討を行

う必要があるだろうか。ここでは、たとえとして上司の指示を解釈するために部下はどのようにしたらよいかを考えてみよう。上司にとって優秀な部下とは、次のような存在ではないだろうか。

　第1に、自分の考えを正しく理解してくれる。それには、自分の話に含まれる語彙の解釈が的確でなければならない。

　第2に、自分が達成したい状況と同じイメージを共有してくれる。

　第3に、自分の描いている状況を達成するための適切な手段を提案し実行してくれる。

　ここまで期待に応えてくれれば申し分ないはずである。いわゆる"できる社員"とは、こういう部下を指すのである。

　経営理念の理解も同様に考えることができる。検討のステップは、図表6-1の通りである。

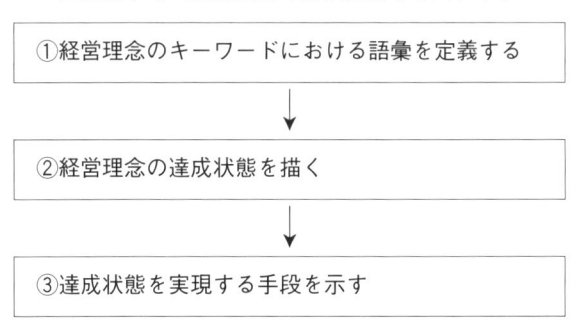

■図表6-1　経営理念の解釈におけるステップ

①経営理念のキーワードにおける語彙を定義する
↓
②経営理念の達成状態を描く
↓
③達成状態を実現する手段を示す

　実際に創造型マーケティングを企画する際は、経営理念の全文を解釈する。ここでは経営理念の一部を事例として取り上げて解釈を進める。例として、「価値ある商品を提供し、顧客に貢献する」という経営理念の「価値ある商品」についてのみ取り上げて考える。

①経営理念のキーワードにおける語彙を定義する

最初に、経営理念を構成するキーワードを取り上げ、それぞれの語彙を的確かつ平易な言葉で定義していく。

留意すべき点は、「価値ある商品」という語彙のみを考えるのではなく、それに連なる文脈を考慮して定義していくことである。

■図表6-2　経営理念の「価値ある商品」の理解

KEY WORD	(1) 語彙の定義	(2) 達成された状態とはどのような状態かを目に浮かぶように描写する	(3) 実現するためには、何をどのように行ったらよいのか、その手段を具体的に示す
価値ある商品	顧客の高い満足が得られ、当社ならではの特長が含まれる製品とサービス	・顧客のニーズを先取りし、期待以上の効用を提供している ・性能・外観・品質・精度が優れており、顧客のニーズにかなっている ・他社の追従を許さないレベルである	・最終ユーザーおよび顧客のニーズを的確にとらえる組織能力を獲得する ・他社の追従を許さないための、より基礎的な研究開発に取り組む ・商品開発・品質管理・生産技術・製造においては世界的視野に立ったベンチマークを行うことにより強化を図る ・外部技術の活用または導入と、技術・技能伝承の強化および人材獲得・育成を継続的・積極的に行う

②経営理念の達成状態を描く

各語彙を定義したうえで、その定義に基づいて経営理念の達成状態を描き出す。その際、現在から将来への一定期間の経営環境を想定する必要がある。しかし、現実には将来の経営環境を的確に予測することは難しい。そのため、ここでは過去から現在への時代の流れを踏まえて、将来確実に現れる環境のみを想定して検討を進める。または、いかなる環境下においても実現すべき姿を描き出す。

③達成状態を実現する手段を示す

達成状態を実現するための手段は、必要かつ欠くべからざる手段のみを特定し、大枠の表現で示す。

以上のように、必ず実現すべき状況についてあるべき状態と、その手段を明らかにしていく。したがって、創造型マーケティングを進めるうえで、絶えずこの状況を追求する姿勢が求められる。

3．成長の源泉を読み取る

(1) 組織の歴史を振り返る

将来に向けて成長の源泉を発見するには、企業の創業からの歴史を深く顧みる必要がある。代表的なものに、「コア・コンピタンス」がある。

コア・コンピタンスとは、ゲイリー・ハメルとC.K.プラハラードにより提示された考え方で、「顧客に対して、他社には真似のできない自社ならではの価値を提供する企業の中核的な力」のことである。ここでは「力」のみならず、組織のもつ「独自のこだわり」を含めてとらえていく。

成長の源泉を見いだす手法は一様ではないが、1つの方法として、過去から現在にかけて、自社が成長した際にどのような方策をとっていたかを調べ、その共通点を探ることで、これまでの成長の源泉を浮かび上がらせることができる。どの企業にも長い蓄積によって他に模倣のできない能力が備わっている。それは、社内では当然であるがゆえに、認識されていないことも多い。図表6-3は、ヤマト運輸の主な商品提供の履歴である。

この経緯からヤマト運輸が、顧客が潜在意識では欲していても言

■図表6-3　ヤマト運輸における主な商品提供の履歴

年	実施内容
1973	ヤマトシステム開発(株)をコンピュータ部門の分離により、設立
1974	貨物輸送に関するオンラインシステムを開始
1976	関東一円に、小口貨物の"宅急便"を開始
1983	スキー宅急便を開始
1984	ゴルフ宅急便を開始
1986	コレクトサービスを開始
1987	UPS宅急便を開始
1987	全国一波無線による運航情報システムを開始
1988	クール宅急便を開始
1988	「夜間お届け」サービス開始
1992	宅急便タイムサービスを開始
1997	ヤマト・クイックメンテナンス・サービスを開始
1998	「時間お届けサービス」開始
1998	「ゴルフ・スキー・空港往復宅急便」開始
1998	宅急便で取り寄せができる店舗検索サービス「クロネコ探検隊」開始
1999	携帯電話情報提供サービス開始
2000	ネットオークションにおける代金仲介サービス開始
2001	インターネットでの宅配便集荷・再配達依頼開始
2002	パソコンを専用資材で迅速に梱包・輸送する「パソコン宅急便」開始
2002	セールスドライバーが、携帯電話で直接顧客の要望を受けるサービスを開始
2002	通販のクーリングオフやメーカーの修理品を対象とする「宅急便取引サービス」開始
2003	フライトを利用した「超高速宅急便」を一部地域で開始
2004	eーメールによる「お届け通知サービス」開始
2005	eーメールで荷物の各種情報を通知する「宅急便eーお知らせシリーズ」開始
2006	「国際宅急便」開始
2006	「クロネコメール便 速達サービス」開始
2007	個人会員制サービス「クロネコメンバーズ」開始
2007	大日本印刷とのコラボレーションにより、DMの制作・印刷・配送の一貫提供開始
2008	配達時に本人を確認した上で荷物を渡す「クロネコメール便 特定受取人払い」開始

出所：ヤマトホールディングス　ホームページ※から抜粋

※ http://www.yamato-hd.co.jp/kaisya/shasi/index.html（2009年9月）

葉にならないようなサービスを次々と提供してきたことがわかる。同時に、そのようなサービスの実現と、情報サービスの整備を相互に繰り返しながら成長している姿が読み取れる。共通項を総括すると「潜在ニーズを発掘し、人的サービスと情報サービスとを結びつけて実現する」という能力が浮かび上がってくる。さらに詳細に掘り下げることもできる。

(2) 成長の源泉の条件

ただし、自社の将来を創る成長の源泉が、これまでの成長の源泉やそれを深めたものであるとは限らない。成長の源泉は、将来の環境に適合する必要がある。しかしながら、確信が得られるような将来予測は難しく、将来予測に基づく構想は現状の延長線上となりがちである。また、人口動態などの"すでに起こっている未来"を読むには慧眼が求められる。しかしここに、確かなことがある。それは、将来に向けた成長の源泉は図表6-4の要件[※]をもっているが、これらの要件を鑑みることにより、新しい成長の源泉を発見するか、新たに考案することができるということである。

■図表6-4　成長の源泉の要件

---
①顧客に価値を提供できる。
②独自性があり、他社と差別化できる。
③企業の力を広げることができる。
④一朝一夕では形成し得ないもので、過去の蓄積のうえに成り立つ。
⑤経営理念のありたい姿を実現するために有効に作用する。
⑥今後設定する新たなミッション、ビジョンを実現するために有効に作用する。

※ ①〜④はハメルとプラハラード／一条和生訳(1995)によるコア・コンピタンスの要件

ここで、図表6-4の⑤と⑥に関連して、もしも、成長の源泉が見つからない場合には、ミッション、ビジョンを設定する際に、同時に成長の源泉を設定することも可能である。

また、社内で検討しても自社の成長の源泉らしきものが見いだせない場合には、顧客や仕入先、取引のある金融機関などの意見を聞くことで、ヒントが得られることもある。

(3) 自社は何者か

経営理念から将来の姿を明らかにし、企業の成長の源泉を定めたことにより、自社が何者かという、いわゆるアイデンティティーが明確になる。多様で著しい変化を示す環境下では、不動の軸を探すことは難しい。不動の軸とは、航海の際に船の位置を特定するための緯度・経度のような動かない拠り所である。創造型マーケティングでは、主体的な姿勢がより求められる。不動の軸は外に求めるのではなく、内に求めることになる。成長の源泉は自社の独自性を生み出す源である。

■図表6-5　不動の軸

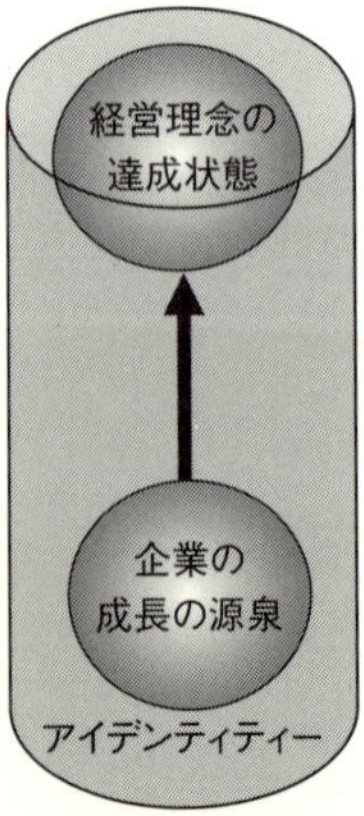

●第6章●経営理念と環境洞察

第2節 経営環境を把握する

1．システムとしてとらえる

　ネットワーク型社会はシステム社会である。現在、システムを構成する個々の要素が凄まじい勢いで繋がり始めている。1991年に東西冷戦構造が終わった後、世界各国の金融市場が繋がり、株価や為替の変動が地球を駆け巡るようになった。ニューヨーク市場の変化が翌営業日には日本市場にダイレクトに影響を及ぼす。2008年9月に発生した、いわゆるリーマンショックでは、システム間の相互依存性が緊密であることを思い知らされた。

　金融市場の危機は、実体経済にはさほど影響を及ぼさないだろうと多くの人が考えていた。しかし、数週間でそうではないことを身をもって感じることになった。金融と実体経済は別々のシステムではなく、密接に繋がったシステムになっていた。また金融市場の危機の影響は、先進国のみならず、発展途上国へも及んだ。このことは、現在では発展途上国なくして世界経済は語れなくなったことを意味している。また、国家財政と市場経済も、もはや離れたシステムではなく、緊密にかかわり合うことを余儀なくされている。その他、国債の持合やエネルギーの国家をまたぐ供給と需要関係など、ありとあらゆるシステムが繋がり、その中を、人・モノ・金・情報が大変なスピードで駆け巡っている。

　このような環境を把握するためには、我々も環境をシステムとして理解するためのフォーマットを頭の中に準備する必要がある。これまでのように、箇条書きの文章では、この複雑なシステムを把握

し理解することは困難である。負荷が増えることになるが、複雑なものは複雑なままに把握する態度が求められてきている。したがって、連環図のような図式と文章の両方を用いながら環境を観ていくという工夫が求められる。

2．ビジネス・ダイアグラム

　本書で紹介する連環図は、革新的問題解決実践理論（TRIZと呼ばれている）という分野においてアメリカのアイディエーション・インターナショナル社が開発したPF（Problem Formulator®）というフォーマットを一部変更して応用したものである。ここでは「ビジネス・ダイアグラム（Business Diagram：BD）」と呼ぶ。ただし、複雑なシステムが表現できるならば、他のフォーマットでも構わない。ここで、BDを用いて描いた現状のビジネス・モデルを示す。
　この場合、ビジネス・モデルは、機能と現象によって表現される。ビジネス・モデルにBDを用いて、機能を中心に描いたものを「機能モデル」と呼ぶ。そして機能モデルに、どのような要件を盛り込むべきか、戦略的視点から何を読み取るべきかを検討する。図表6-6は、BDの記述方法を示したものである。

3．経営環境の描写例

　BDを用いることにより、マクロ環境を機能的に把握し、さらにマクロ環境が自社へ及ぼす影響のメカニズムも表すことができる。また、自社のビジネス・モデルや、製造工程・製品のメカニズムも描写可能である。図表6-7に、ある情報源をもとに記述した2008年のリーマンショック発生のメカニズムを事例として掲載する。

●第6章●経営理念と環境洞察

■図表6-6　BDの記述方法

① 意図した目的と手段は、白色を用いて連鎖で表す。

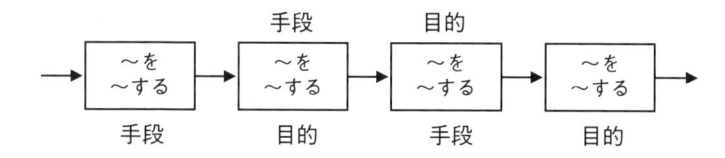

```
         手段          目的
  → ┌─────┐ → ┌─────┐ → ┌─────┐ → ┌─────┐ →
    │ ～を   │   │ ～を   │   │ ～を   │   │ ～を   │
    │ ～する │   │ ～する │   │ ～する │   │ ～する │
    └─────┘   └─────┘   └─────┘   └─────┘
     手段        目的        手段        目的
```

② 意図しない現象についての結果と原因は、因果関係の連鎖でグレー色を用いて表す。

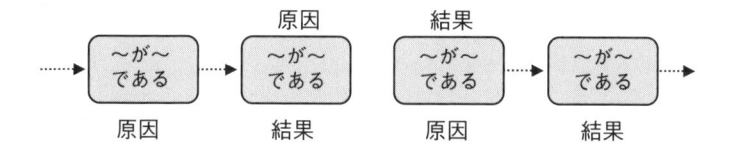

```
                  原因          結果
  ┈→ ┌─────┐ ┈→ ┌─────┐ ┈→ ┌─────┐ ┈→ ┌─────┐ ┈→
    │ ～が～ │    │ ～が～ │    │ ～が～ │    │ ～が～ │
    │ である │    │ である │    │ である │    │ である │
    └─────┘    └─────┘    └─────┘    └─────┘
     原因         結果         原因         結果
```

③ 手段が原因となって現象が生まれる場合には、次のような表現となる。原因が白色、結果はグレー色となる。

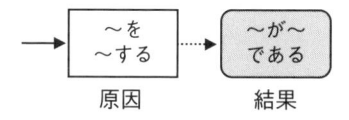

```
  → ┌─────┐ ┈→ ┌─────┐
    │ ～を   │    │ ～が～ │
    │ ～する │    │ である │
    └─────┘    └─────┘
     原因         結果
```

④ ある現象が意図として目的を引き起こす場合には、次のような表現となる。原因がグレー色、結果は白色となる。

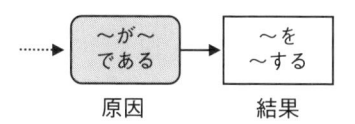

```
  ┈→ ┌─────┐ → ┌─────┐
    │ ～が～ │   │ ～を   │
    │ である │   │ ～する │
    └─────┘   └─────┘
     原因        結果
```

⑤ 抑制と妨害については、矢印に交差する線が付いたところの意味は、抑制と妨害である。

```
    ──┼──→           ┈┈┼┈┈→
      抑制                妨害
```

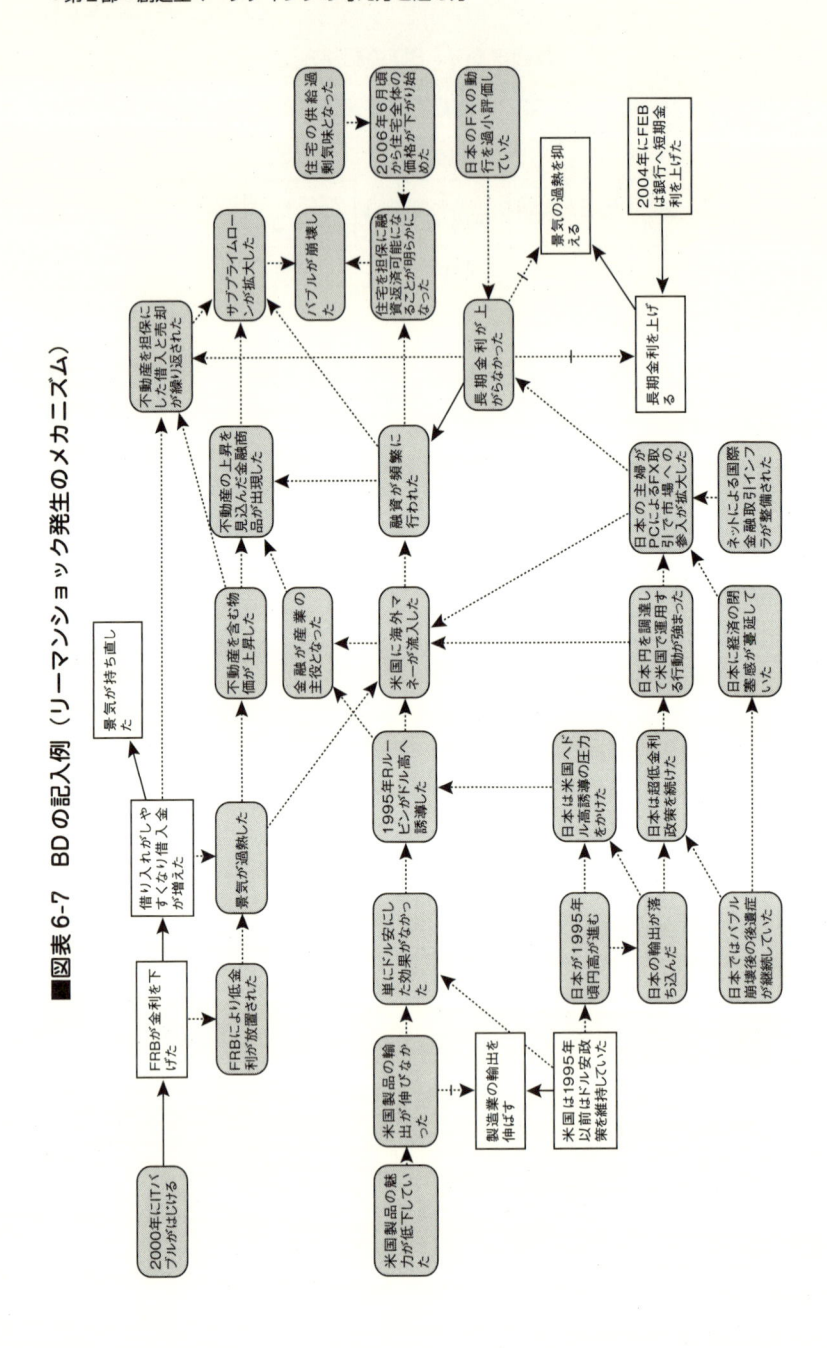

●第Ⅱ部● 創造型マーケティングの考え方と進め方

■図表6-7　BDの記入例（リーマンショック発生のメカニズム）

第3節 土台となるビジネス・モデルを特定する

　次ページに示した図表6-8は、ヤマト運輸の機能モデルの例である。

　この段階では、自社で現実に行われている仕事のメカニズムを、そのまま描き写す。ビジネス・モデルをよりよくするための対策を盛り込んでしまいがちであるが、あくまでも現状そのものを記述するように留意する。ビジネス・モデルとしてのあるべき姿は、ミッションとビジョンを設定したあとで設計する。

1. 戦略視点からの検証

　次に、現状の機能モデルから、将来の事業を生み出す土台となる領域を選択し特定していく。その際に、戦略的な視点から有望な領域を見いだしていく。これから新しく創造していくビジネス・モデルは、あくまでも現在のビジネスが土台となる。ただし、すべてが土台となるわけではなく、残すべきは残し、捨てるべきは捨てる意思決定が必要となる。取捨選択のために、次の戦略の各要素を応用して検討を行う。

　①事業領域（ドメイン）
　②資源展開
　③シナジー
　④競争戦略
　⑤機能別戦略とビジネス・モデルの考え方
　⑥矛盾

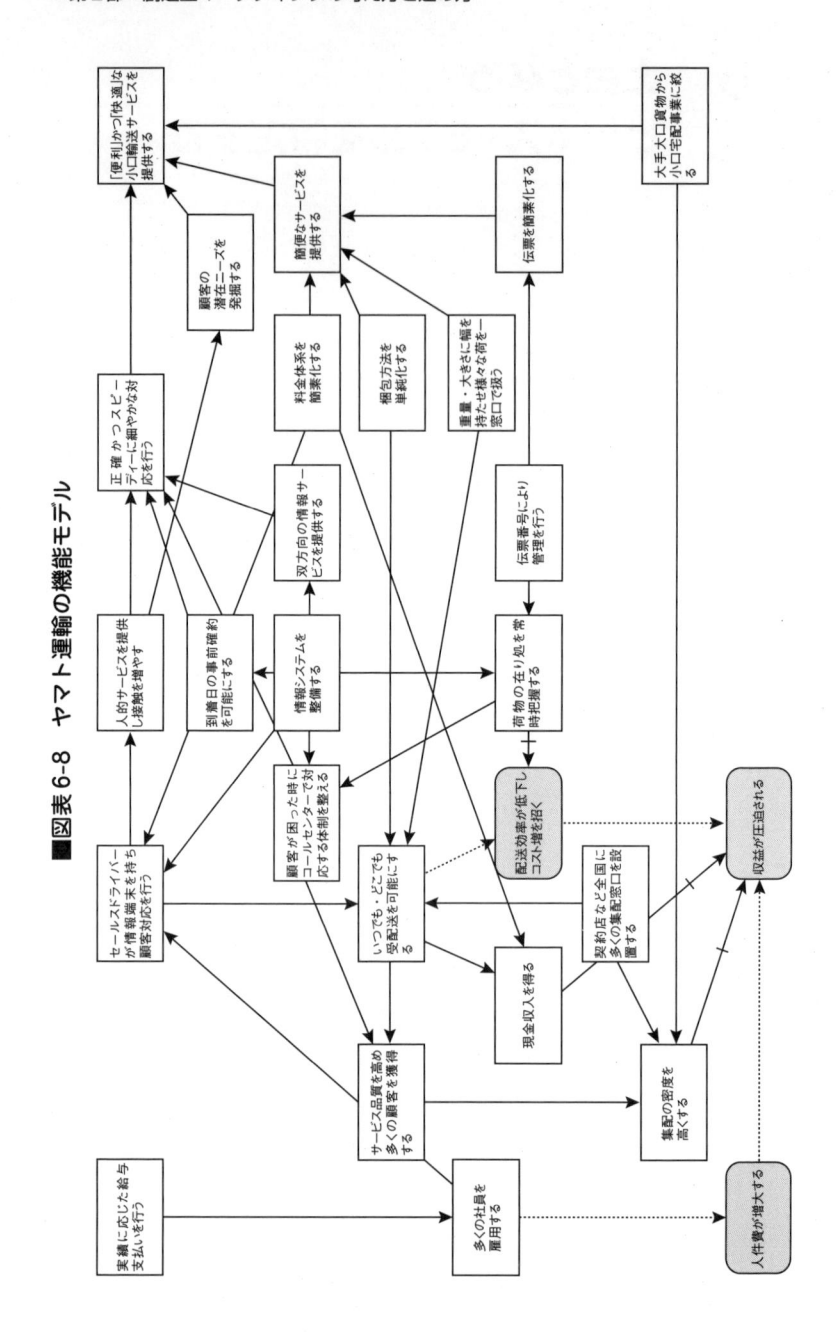

●第Ⅱ部● 創造型マーケティングの考え方と進め方

図表6-8 ヤマト運輸の機能モデル

以下では、初めてマーケティングや戦略に触れる読者にもわかりやすくするために、各要素の基礎的な考え方を交えて解説する。

（1） 事業領域（ドメイン）

◆ドメインとは

　事業は、野放図に何でも手がけたのでは成功はおぼつかない。顧客に競合を上回る満足を提供し得る領域を定め、そこに経営資源を投入していかなければならない。企業（または事業）は将来の方向性を含み、棲息すべき領域を定めている。これを「事業領域（ドメイン）」と呼ぶ。

　なお、ドメインが曖昧なままの企業（または事業）を少なからず見かけるが、その場合には、改めてドメインを定めなければならない。ドメイン抜きで経営を語ることはできないのである。

　また、ドメインを定めているものの実際の活動領域とは異なる場合も多い。その場合、現在および将来に、企業（または事業）がどのような活動を展開するか考慮のうえ、ドメイン内で見逃している領域や拡張可能な領域を確認する必要がある。これらを有効に生かすことが、将来の成長に繋がることが多い。

　ドメインの枠組みとして広く用いられるのが、デレック・エーベルが著書『事業の定義』で示した3つの次元である。

　エーベルはドメインを、顧客・顧客機能・代替技術の3つの次元で規定した。つまり、自組織の顧客は誰であって誰ではないのか、提供すべき機能は何であって何を提供しなくてよいのか、そのために保有すべき技術は何であって保有しなくてよい技術は何なのかということである。何を領域として定めるかよりも、何をしないのかを決めることのほうが難しい。本書では、顧客機能を顧客ニーズ、代替技術を成長の源泉と、わかりやすい表現に変えて記述する（図

表6-9)。

　成長の源泉のうち、将来を切り開き、最も競争優位をもつものがコア・コンピタンスとなる。本書では組織のもつこだわりや気概をも含めて「成長の源泉」とする。

■図表6-9　本書におけるドメインの3つの次元

（図：顧客ニーズ・顧客・成長の源泉の3軸）

◆ドメインを精査する

　この段階では、ドメインを定めることが目的ではない。まず、ドメインとして定めている領域をモレなく精査する必要がある。ドメインとして定めているにもかかわらず、現実には、見逃していたり、未だ手がつけられていない領域が存在していることも多い。

　たとえば、ドメイン内で未だコンタクトしたことのない顧客層が存在し、情報が欠落しているケースがよくある。結果的にこのような未着手の領域に、ビジネスの機会が眠っていることも少なくない。また今後ドメインを拡張することで、自社の将来に成長の機会をもたらす可能性のある領域はどこかを精査する。このように機会を漏らさずに把握し、将来の事業に役立つ領域を発見することが重要である。その際、創造性を発揮して新しい可能性を追求し、多くの障害を乗り越えようとする気概が必要である。具体的には次の項目について検討する。

・企業がドメインとして定めている顧客、顧客ニーズ、成長の源泉

は何か。
・ドメインとして定められているにもかかわらず、情報が存在していない領域はどこか、その理由は何か、その実情はどのようになっているのか（その領域が自社の将来に成長の機会を与えてくれそうであれば、その領域における活動を強化する。ただし、その領域が自社の将来に成長の機会を与えてくれそうでない場合は、ドメインの縮小も検討する）。
・今後ドメインの3軸のうち、拡張することで自社の将来に成長の機会をもたらす可能性のあるのはどこか、そのために、どのようにしたらよいか検討する。

◆**事例研究**
＜個人宅配事業参入前のヤマト運輸のドメイン＞

ヤマト運輸は、第2次世界大戦前は近距離路線に徹した日本一のトラック会社であった。当時日本全国にトラックが204台しかない時代に、ヤマト運輸だけで4台も保有していた。また創業当初より株式会社化し、大学卒の新入社員の採用、斬新でスマートな運転手の制服など、当時としては斬新な試みで会社の信頼を高めていった。
当時のヤマト運輸のドメインは、次のように考えられる。

・顧　　　客：関東一円の企業および家庭生活者
・顧客ニーズ：スピーディーに荷物を受配送してくれる
・成長の源泉：トラックによる迅速に輸送する能力と斬新なマネジメント能力

戦後、道路や自動車が改良され、他社が長距離輸送に力を入れている中、当時の社長の小倉康臣が、トラックの守備範囲は百キロメートル以内でそれ以上の長距離の輸送は鉄道の分野だと固く思い

込んでいたため、ヤマト運輸は事業を近距離に絞って展開していた。

　このことは自社のドメインを必要以上に狭めていたことになる。そして営業の多角化を図るため、通運事業※や百貨店の配送事業を展開したものの、百貨店配送事業では固定費の増大、通運事業では国鉄離れが起きたことなどにより各事業の業績は低迷することになった。基幹となる商業貨物事業の長距離輸送へは後発で参入したが、先発企業に多くの顧客を押さえられていたため、運賃の安い大口貨物に頼らざるを得なかった。そのために収益が悪化して、ヤマト運輸は経営危機に陥ることになる。トラック運賃の仕組みは、原則的に距離低減と重量低減の方式が採用されている。荷物を運ぶとき、距離が遠ければ遠いほど、荷物が重ければ重いほど相対的に安くなる。小口の貨物は手間はかかるものの、相対的に価格が高く利益率は高いので、個人宅配も収益の上がる事業となるのではないかとヤマト運輸は考えた。言い換えれば、従来の事業は収益機会が存在するドメインを見逃していたということでもある。

＜個人宅配事業参入後のヤマト運輸のドメイン＞

　個人宅配事業参入時におけるドメインは、次のようになる。

・顧　　　客：日本国内における家庭生活者
・顧客ニーズ：何でも、いつでも、どこでも、スピーディーに、
　　　　　　　きめ細かく、わかりやすいシステムで受配送し
　　　　　　　てくれる
・成長の源泉：潜在ニーズを発掘し、人的サービスと情報サー
　　　　　　　ビスを結びつけて実現する能力

※国鉄(現在のJR)の貨物輸送で送る荷物の集荷や配送、貨物への積み下ろし業務のこと。

個人宅配事業に進出する際に、顧客層を完全に変え、顧客ニーズも大きく変化させている。しかし、成長の源泉について、百貨店配送のノウハウに自信をもっていたことから、このノウハウを活用して個人宅配事業を展開できると考えていた。実際その成長の源泉によって、国鉄（当時）の手荷物や郵便局の小包では対応できないきめこまやかなサービスを提供することができた。

また個人宅配事業を行うため、当時の小倉昌男社長は積極的に環境を創造した。社内に対しては、外部環境の変化によって利益が年々減少し経営危機に陥っているので、新しい事業を創造しなければ企業は存続できないことを訴えた。また、大口顧客との取引をやめることで、社員の意識改革を促した。社外に対しては、当時営業地域における許可制度が、ヤマト運輸が申請しても5年間も放置されていたことから、そのことをメディアに訴えることで世論を味方につけ、運輸省（現在の国土交通省）が許可をしなければならない状況にもっていった。

その後においてもヤマト運輸は、「潜在ニーズを発掘し、人的サービスと情報サービスを結びつけて実現する」という成長の源泉を武器にドメインを拡張した。現在では顧客を日本国内だけでなく海外にも広げ、家庭生活者のみならず企業（企業から個人への物流、企業内および企業間物流）にまで拡張している。

◆留意点

自社のドメインを確認した後、機能モデルを表したBDにおいて、論理的に死角や記述の偏りがないかを追求する。

具体的には、機能モデルにおける手段＝目的、原因＝結果の関係を検証し、モレや曖昧な部分がないかを追求しなければならない。併せて、記述内容が事実か否かを確認する必要がある。モレや曖昧

な部分が見つかった場合には、必要に応じて調査を行い、機能モデルに追加修正していく。

(2) 資源展開

◆資源展開について

各事業単位の状態と各々の関連を明確化する手法として、「プロダクト・ポートフォリオ・マネジメント（PPM）」がある。これは、ボストン・コンサルティング・グループ（BCG）が1960年代の終わりに提唱した手法である。これは、企業が成長を遂げる中で、事業の方向性と資源配分を見極めるために用いられる。

PPMでは、ライフサイクルを背景として、縦軸に市場の成長率、横軸に相対的マーケット・シェア※をとり、4領域に分かれたマトリクスをつくる。そこに、それぞれの事業単位をプロットし、4つの領域のどの位置に存在するかによって事業の方向性を判断する。また、キャッシュをどの事業で生み出して、どの事業に投資するのかという意思決定の支援にも役立てる。図表6-10において円の大きさは、売上額を示している。＋と－はキャッシュ・フローを表したものである。

この4つの領域に位置づけられる事業は、次のような意思決定がなされる。

※相対的マーケット・シェアの算出方法は次の通りである。
・自社がマーケット・シェアNo.1のとき

$$相対的マーケット・シェア = \frac{自社のマーケット・シェア}{No.2のマーケット・シェア}$$

・自社がマーケット・シェアNo.1ではないとき

$$相対的マーケット・シェア = \frac{自社のマーケット・シェア}{No.1のマーケット・シェア}$$

■図表6-10　PPM

(図：縦軸「市場成長率」高〜低、横軸「相対的マーケット・シェア」大〜小、1.0を境界とする4象限)
- 左上　花形：±　事業B、事業C
- 右上　問題児：−　事業D、事業E
- 左下　金のなる木：＋　事業A
- 右下　負け犬：−　事業F

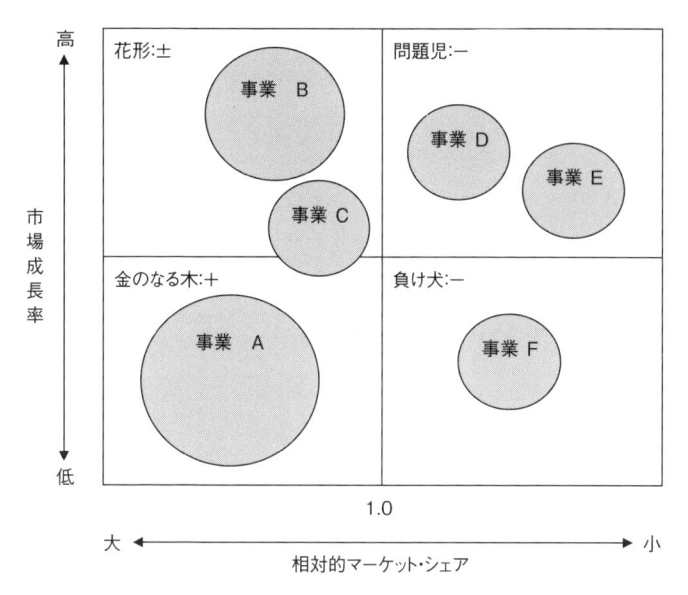

・問題児：投資または撤退
・花形：重点投資
・金のなる木：合理化
・負け犬：撤退

　また、問題児の領域にあり、今後投資する事業へのキャッシュは、金のなる木にある事業から供給される。ただし、現在とPPMが考案された1960年代では、経営環境が大きく異なっているため、現在では企業特性や事業環境に応じた軸の意味づけが行われることが多い。たとえば、縦軸に市場の成長率ではなく、自社の事業の成長率を当てるほうが適切な場合もある。市場全体が成長している場合には、その市場を対象としてビジネスを展開している多くの企業が同様に成長することができた。しかし現在は、市場の中で勝ち組と負け組が存在するようになったことが、その理由である。

また、横軸に利益率をとる場合もある。その場合には、BCGの示したポートフォリオの論理とは異なるものとなる。相対的マーケット・シェアがコストの低減に直接的な影響をもたらさないサービス業や少量多品種の製品を扱う製造業では、別の指標を考える必要が生ずる。

◆資源展開からの事業の選択

将来の事業の候補として、負け犬と、撤退する問題児に該当する事業が選択されることはない。一方で、花形や、投資を行う問題児など成長が期待される領域から選択される可能性が高い。

そのうえで、どの事業が最も経営理念から導き出した達成状態や達成手段に一致するのかを見定める必要がある。さらに成長の源泉が、どの事業とフィットするかを検討する。このようにして、将来の利益を生み出すために、よりふさわしい事業を決定する。

◆事例研究

昭和50年代の初めまでは、ヤマト運輸の商業貨物事業は相対的マーケット・シェアこそ低いが、ある程度の利益を上げていた。しかし業績が低迷して経営危機に陥ったため、未だ本格参入している企業が存在しない、かつ成長が見込める個人宅配事業への参入を意思決定した。これを、PPMで示すと図表6-11のように花形へ飛び移ったことになる。

このように経営資源を重点的に投資したため、ヤマト運輸は他社に対して優位性が発揮できるような商品を顧客に提供することができた。

この際、市場をどのようにとらえるかが鍵となった。個人宅配市場を国鉄（当時）の手荷物や郵便局の小包を含めてとらえると、相

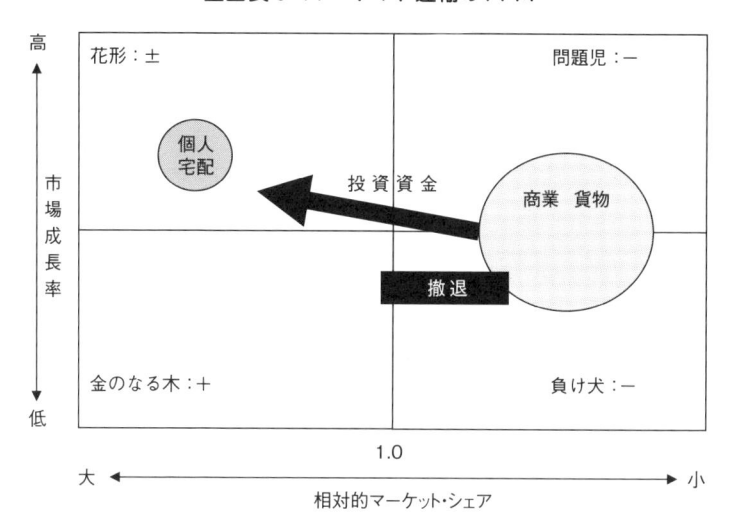

■図表6-11　ヤマト運輸のPPM

```
高
↑
市場成長率
↓
低

花形：±                    問題児：−
    ┌─────┐
    │個人 │   ←投資資金    ┌──────┐
    │宅配 │                 │商業 貨物│
    └─────┘                 └──────┘
                    ┌──┐
                    │撤退│
                    └──┘

金のなる木：＋              負け犬：−

        1.0
大 ←──────相対的マーケット・シェア──────→ 小
```

対的マーケット・シェアは極めて低く、大きな市場の成長も期待できず、ヤマト運輸の入り込む余地は少ない。しかし、消費者が国鉄（当時）の手荷物や郵便局の小包に対してもっている不満を解消することができれば、市場を大きく広げ利益を確保できるとヤマト運輸は考えたに違いない。その結果、商業貨物事業から手を引く意思決定をしたものと思われる。

　この意思決定はかなりの離れ業であるが英断であり、社長の強い信念があったからこそ成し得た戦略である。

(3)　シナジー

◆シナジーとは

　「シナジー」とは、一般的には事業間の相乗効果を指す。たとえば、2つの事業の価値がそれぞれ100とすると、統合することで価値が200よりも大きくなる状態をシナジーがあるといい、200未満

の場合をマイナスのシナジーがあるという。シナジーには、販売、操業、投資、管理の各シナジーがある。

　創造型マーケティングの場合は、2つ以上の事業を関連付けることにより、創発が生まれることを重視する。そのためには各事業間で、どのようなシナジーがあり創発を生んでいるのかを検討する必要がある。また、本来シナジーを生むことが可能であるにもかかわらず、シナジーを生んでいない場合には、シナジーを早急に確立する必要がある。多くのシナジーを生んでいる機能は、将来の事業においても欠くべからざる機能である可能性が高い。

　ただし、事業間でシナジーが生じない場合には、ある事業から撤退することも選択肢の1つとなる。

◆事例研究

　ヤマト運輸における個人宅配便事業が一定の成果を出すと、個人宅配事業に新規に参入する企業が出てきた。その際、大半の企業は、個人宅配事業と商業貨物事業はシナジーがあり両立できると考えていた。しかし数年後、このように考えて個人宅配便事業に参入した多くの企業が撤退する。なぜならば、住宅立地と工場立地はエリアが異なっており、両方のビジネスを同時に行うことは経営効率を著しく低下させるからである。ヤマト運輸は住宅立地に集中することにより、顧客サービスレベルと業務効率を高め、コストを上回る収益の確保を実現している。ヤマト運輸が商業貨物事業から手を引いた戦略は、マイナスのシナジーを克服するための妥当な意思決定であったといえる。

◆留意点

　機能モデルにおいて、意図の連鎖である目的と手段を表す矢印が

多く集中する機能ほど、シナジーが大きいことを意味する。たとえPPM分析において、その機能が有望な事業に入っていなくても、大きなシナジーをもつ機能は、将来のビジネス・モデルにおいても有用である可能性が高い。

(4) 競争戦略

◆競争戦略とは

　M.E.ポーターは競争の基本戦略として、コスト・リーダーシップと差別化の2つの選択肢があることを示した。

　コスト・リーダーシップとは、業界内で最も安いコストで商品を供給する体制とブランドを確立するというものである。少品種大量生産に適することが多い。差別化は、顧客に適した特異性をもった価値を提供することで競争優位を得ようとするものである。差別化のためには、豊富な資源が要求される。さらに、特定の市場や商品領域に絞ることを「集中」と呼び、集中したうえでのコスト・リーダーシップと差別化が存在する。

■図表6-12　ポーターの基本競争戦略

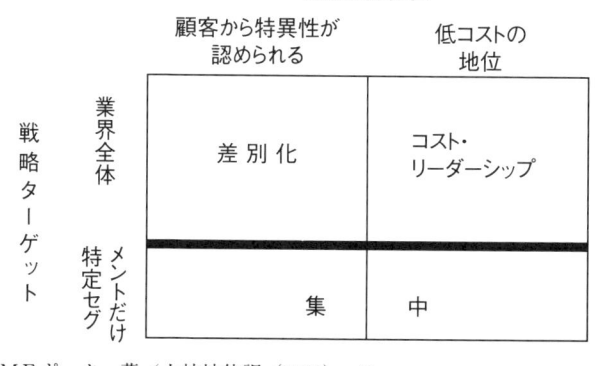

	戦略の優位性	
	顧客から特異性が認められる	低コストの地位
業界全体	差別化	コスト・リーダーシップ
特定セグメントだけ	集	中

（戦略ターゲット）

出所：M.E.ポーター著／土岐坤他訳（1982）p.61

◆基本競争戦略の決定

このフレームワークを使って、現在の基本競争戦略を確認する。そのうえで、経営理念から導き出した達成状態や達成手段に適し、成長の源泉が有効に機能する基本競争戦略はどれかを明らかにする。さらに、その基本競争戦略を遂行するために有効な機能を特定する。

◆事例研究

ヤマト運輸が個人宅配事業に参入した頃、国鉄（当時）の手荷物配送や郵便局の小包はあったものの、民間企業が本格参入していなかったため市場はまだ小さかった。そのため、同社は社会において個人宅配事業は必要な事業だと考え、この事業へ集中的に経営資源を投資し、市場を創造していった。言い換えれば、イノベーションにおける無消費に対応した新市場を創造する戦略だったことがわかる。

その後、個人宅配便の市場全体が大きくなり、他社も本格的に事業展開をしてきたので、それまで培ったノウハウを活用して顧客にとって新しいサービスを開発することで、他社との差別化を図った。このことから、ヤマト運輸は差別化戦略を進めることにより、競争優位を確立したことがわかる。

実際、1931年（昭和6年）に制定されたヤマト運輸の「社訓」は、次のように定めている。

1. ヤマトは我なり
2. 運送行為は委託者の意思の延長と知るべし
3. 思想を堅実に礼節を重んずべし

「運送行為は委託者の意思の延長と知るべし」から、同社は顧客の高い満足を、「思想を堅実に礼節を重んずべし」では、社会や生

活に貢献することを達成状態として考えていたと思われる。また「ヤマトは我なり」では、達成手段として全員経営すなわちセールスドライバーとそれを支える人たちの主体的な取り組みの必要性を説いている。このことによって、「潜在ニーズを発掘し、人的サービスと情報サービスを結びつけて実現する能力」という成長の源泉が有効に機能する差別化戦略を採用したと思われる。

　ちなみに、1995年に制定されたヤマトグループの企業理念は、次のようになっている。

> 　ヤマトグループは、社会的インフラとしての宅急便ネットワークの高度化、より便利で快適な生活関連サービスの創造、革新的な物流システムの開発を通じて、豊かな社会の実現に貢献します。

(5) 機能別戦略とビジネス・モデルの考え方

◆**機能別戦略とは**

　事業戦略とは別に、事業機能の強化にかかわる機能別戦略として、R&D戦略、生産戦略、販売戦略、物流戦略、人的資源戦略、財務戦略、情報戦略などが挙げられる。

　ビジネス・モデルは、儲けの仕組みともいわれているので、収益獲得の仕組みが明記されなくてはならない。ここでは、機能別戦略によって、社会や顧客に対する高い価値の提供と収益創出をどのようにして両立させるかを検討する。

◆**事例研究**

　ヤマト運輸は、販売戦略および人的資源戦略として、セールスド

ライバーに情報端末を携帯させることにより、スピーディーに、きめ細かな受配送を可能にしている。その際、セールスドライバーに対して業績給を導入することで、営業努力を喚起した。また、現場の社員が常に顧客の立場に立って考えられるように、ピラミッド型組織を崩し、社員全員で情報を共有化して、やる気を引き出す「全員経営」を目指した。さらに、酒販店、クリーニング店、コンビニエンスストアを荷物の集荷店とすることで自社のネットワークに組み込み、ヤマト運輸の投資を最小限に抑えながら顧客の利便性を向上させることができた。

情報戦略としては、情報システムを中核に据えることで、スピーディーに、わかりやすいシステムを構築している。

財務戦略としては、顧客に価格体系を明確にすることで価格を維持し、現金収入を得ることができた（商業貨物は値引き要請が多く、買い掛けが一般的である）。これが、利益へと直結し、商業貨物事業から撤退しても、個人宅配事業へ迅速に投資資金を回せることができた。

さらに、顧客の潜在ニーズを発掘し、人・物・金・情報の流れをシステム化することにより、総合的なビジネス・モデルを構築する企画開発力には目を見張るものがある。このような機能別戦略における能力は、今後のモデル構築においても重要な役割を果たす。

◆留意点

それぞれの機能別戦略の働きをビジネス・モデルに記述する。重要な機能は、他の重要な機能とシナジーを発揮していることが多い。そのような機能を特定する。

(6) 矛盾

◆矛盾とは

機能モデルを用いて描いた場合、現状のビジネス・モデルの問題点の核心を浮かび上がらせることができる。それが矛盾である。矛盾をBDで示すと図表6-13のようになる。この構図において、目的Aを果たそうと行った行為が、同時に良からぬ結果Bを引き起こす状態を示している。

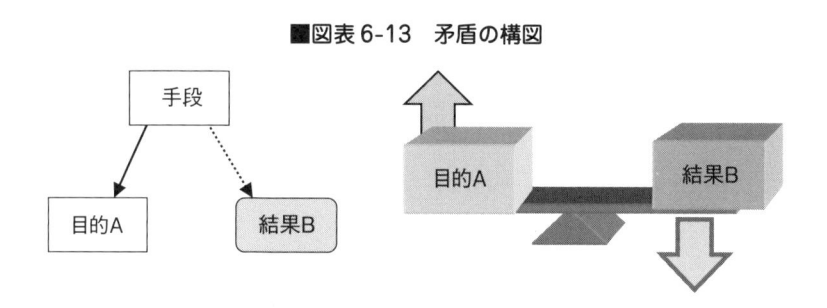

■図表6-13　矛盾の構図

現状の機能モデルに矛盾の構図が存在するということは、問題が発生していることを示している。ゆえに、矛盾を解消して問題を解決するための努力が求められる。ただし、別の見方をするならば、問題のないビジネス・モデルは成熟して改善の余地がないことをも示している。矛盾を含むビジネス・モデルは、それを解消することでモデルの進化が期待できる。したがって、矛盾が存在するほうが、将来の事業を生み出すモデルとしてふさわしい。

◆矛盾の明確化と解消

現状の機能モデルを論理的にモレがないように記述したうえで、機能から何か有害な現象が発生していないかを発掘し記述する。ま

た将来、害をもたらすと予想される現象をとらえ、機能モデルに付記しておく。現時点で改善すべきは改善するが、このような"さらに進歩が期待できる"領域を将来の機能モデルに組み込んでおく。

◆事例研究

ヤマト運輸では、「どこの家庭においても受配送を可能にする」および「多くの社員を雇用する」という機能は、「収益を圧迫する」という有害な現象をも起こすものであった。この矛盾を、「集配の密度を高くする」「サービス品質を高め多くの顧客を獲得する」および「現金収入を得る」ビジネス・モデルへと進歩させることで解消した。

2. 将来の事業を生み出す部分モデルの切り出し

ここでは、現状の機能モデルに含まれる将来に有効な機能とその連鎖を切り取ったものを「部分モデル」と呼ぶ。

部分モデルは、複数の候補を抽出することが重要である。次のステージに進んだうえで、絞り込むための意思決定を行う。アメリカのハーバード・サイモンは、意思決定を行うためには複数の選択肢を用意したうえで評価を行った後に絞り込む必要がある、としている。

創造型マーケティングでも、現状の機能モデルから、将来の事業の土台となる複数の部分モデルを抽出する。抽出するための戦略的な視点を総括すると、次のようになる。

①成長の源泉を必ず選択する。
②PPMにおいて、負け犬と撤退する問題児に該当する事業からは選択しない。花形や投資する問題児に属する事業を有力候補とす

る。
③経営理念を達成し、成長の源泉にフィットする事業を優先的に選定する。
④多くのシナジーがある機能を有力候補とする。
⑤経営理念を達成し、成長の源泉が機能する競争戦略を選択した後、その競争戦略を遂行するために有効な機能を有力候補とする。
⑥機能別戦略において、経営理念の実現と成長の源泉に有効に作用する機能を選択する。
⑦矛盾を含み進化の可能性のある機能領域を有力候補とする。

　部分モデルの抽出は、図表6-14のように記述するとよい(点線で囲んだ機能を選択している)。
　ここで抽出された部分モデルをベースとして、目的を高く上げることで、新たなミッションづくりを進めていく。

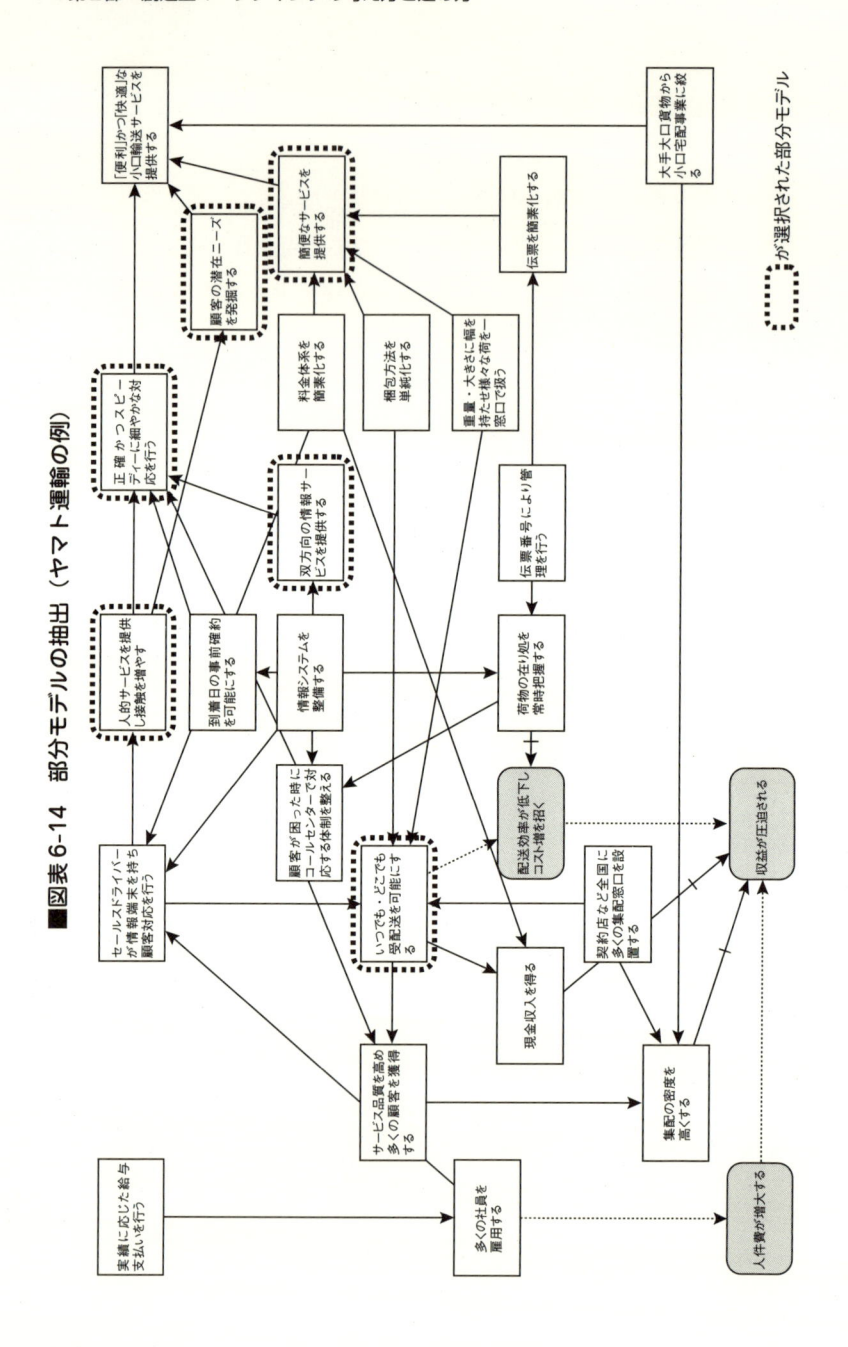

●第Ⅱ部● 創造型マーケティングの考え方と進め方

■図表 6-14 部分モデルの抽出（ヤマト運輸の例）

第7章

創造型マーケティングの具体的な進め方(3)
ミッション、ビジョン、モデルの創造

「成長の土台」として選択した現状のビジネス・モデルにおける機能を起点に、新たな事業を創り上げていく。そのプロセスは、崇高なミッション創りであり、その実現した姿を描いたビジョン創りであり、そしてそれを現実のものとするためのビジネス・モデル創りである。

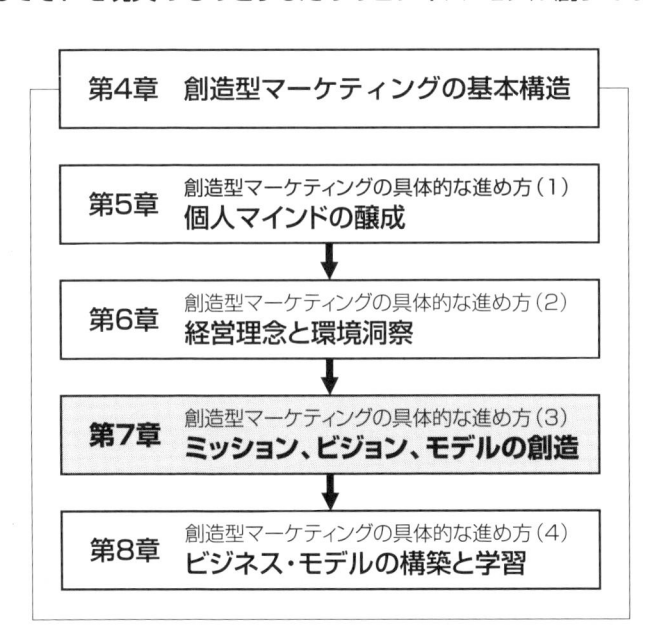

第4章	創造型マーケティングの基本構造
第5章	創造型マーケティングの具体的な進め方(1) **個人マインドの醸成**
第6章	創造型マーケティングの具体的な進め方(2) **経営理念と環境洞察**
第7章	創造型マーケティングの具体的な進め方(3) **ミッション、ビジョン、モデルの創造**
第8章	創造型マーケティングの具体的な進め方(4) **ビジネス・モデルの構築と学習**

第1節 ミッションの創造

1．時代を先取りする

　創造型マーケティングによって新しく創られるドメインが、現状のドメインとすべてにおいて異なることはない。実務では、現状のドメインの一部を引き継ぎながら、新しいドメインを形成することになる。また、その2つのドメインの間に、時空を越えたシナジーを創らなければならない。社会創り志向におけるドメイン間のシナジーとは、現状のドメインが将来のよりよい社会とそのニーズの充足に貢献するとともに、将来のビジョンが現状のドメインの進歩を牽引することである。

　前章において、現状のビジネス・モデルから、新たな事業の枠組みの土台となる機能が選択された。それらの機能の中には、企業に独自の成長をもたらす成長の源泉が含まれている。成長の源泉は、現状と新しいドメインの間のシナジーの役割を果たす。また成長の源泉を中心として、他の機能と補完し合いながら、新たな事業の枠組みが築かれる。

　ミッションを掲げるための具体的な作業は、各機能について「その目的は、その目的は……」と問い、レベルを上げていくことである。これは、最終的な目的である「人類を幸福にする」に近づこうとすることである。その道筋は、経営理念から導き出した、あるべき姿に沿っていなければならない。

　ヤマト運輸の成長の源泉は、第6章で「潜在ニーズを発掘し、人的サービスと情報サービスを結びつけて実現する能力」と考えた。

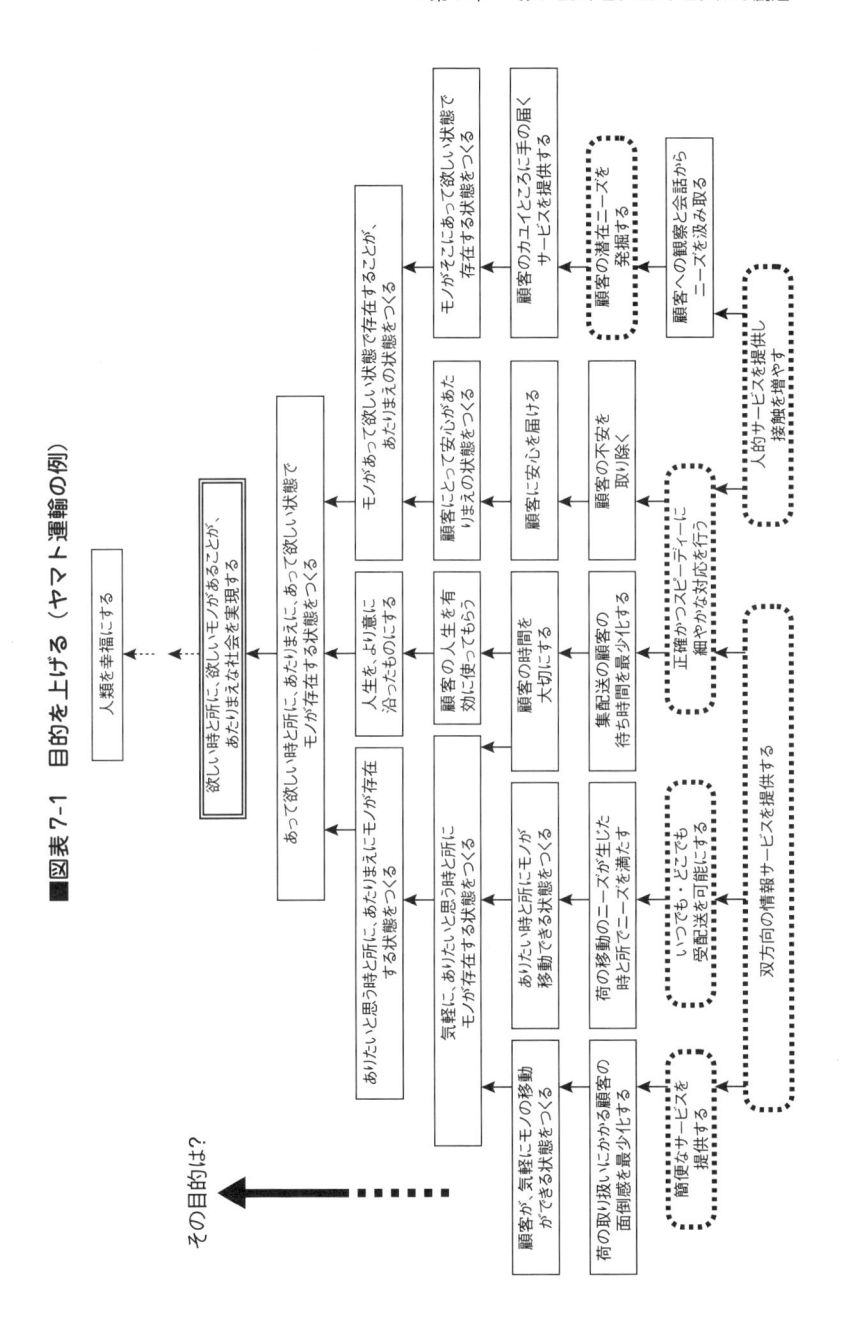

●第7章● ミッション、ビジョン、モデルの創造

■図表7-1 目的を上げる（ヤマト運輸の例）

人類を幸福にする

あって欲しい時と所に、あたりまえに、あって欲しい状態で、モノが存在する社会を実現する

あって欲しい時と所に、あって欲しい状態でモノが存在する状態をつくる

- モノがあって欲しい状態で存在することが、あたりまえの状態をつくる
  - モノがそこにあって欲しい状態で、あたりまえにところへ手の届くサービスを提供する
    - 顧客の潜在ニーズを発掘する ← 顧客への観察と会話からニーズを汲み取る
- モノがあって欲しい状態があたりまえの状態をつくる
  - 顧客にとって安心があたりまえの状態をつくる
  - 顧客に安心を届ける
    - 顧客の不安を取り除く ← 人的サービスを提供し接触を増やす
- 人生を、より有意義にする
  - 顧客の人生を有効に使ってもらう
  - 顧客の時間を大切にする
    - 集配送の顧客の待ち時間を最少にする ← 正確かつスピーディーに細やかな対応を行う

ありたい時と所に、あたりまえにモノが存在する状態をつくる

- 気軽に、ありたいと思う時と所にモノが存在する状態をつくる
- ありたい時と所にモノが移動できる状態をつくる
  - 荷の移動のニーズが生じた時と所でニーズを満たす ← いつでも・どこでも受配送を可能にする ← 双方向の情報サービスを提供する
- 顧客が、気軽にモノの移動ができる状態をつくる
  - 荷の取り扱いにかかる顧客の面倒感を最少化する ← 簡便なサービスを提供する

その目的は？

また、今後の成長の土台となる部分機能として図表6-14では、次の6つの機能を特定した。
・双方向の情報サービスを提供する
・人的サービスを提供し接触を増やす
・簡便なサービスを提供する
・いつでも・どこでも受配送を可能にする
・正確かつスピーディーに細やかな対応を行う
・顧客の潜在ニーズを発掘する

この6つの機能の目的を上げていき、その結果ミッションとして、「欲しい時と所に、欲しいモノがあることが、あたりまえな社会を実現する」へと到達した例を図表7-1に示した。

検討するメンバーの個性やそのときの経営環境によって、到達するミッションは異なった内容や表現となる。

2. 目的を上げる際の留意点

①少しずつ目的を上げる

ミッションを表現する際には言葉を慎重に選ばなければならない。なぜならば、少しの言葉の違いで全く意味が変わるからである。ゆえに、目的を上げていく際には、可能な限り小さなインターバルで上げていくことが望ましい。大きなインターバルで目的を上げた場合に、その間に存在するミッションを見逃す可能性がある。小さなインターバルで目的を上げるために、「〔名詞〕を、〔動詞〕する」という表現の名詞と動詞を別々に変化させていくとよい。

②視点を意識的に切り替える

目的を上げる際に、意識して視点を社内から顧客、さらに社会へ

と切り替えていかなければならない。そうでなければ目的を上げても、社内に閉じこもったままで収束することになってしまう。

③目的と手段の関係を確認する

　分析思考に長い間馴染んできたせいか、原因の追求は得意である一方、目的を上げることに難しさを感じる人は多い。したがって、必ず「その目的は」「その手段は」という上下関係を確認しながら進めていかなければならない。

④経営理念から外れないように進める

　前述の通り、目的の道筋が複数に広がる部分では、すべての道筋を進めていくと作業が膨大になってしまう。その場合には、経営理念から導き出したあるべき姿の枠組みから明らかに外れる道筋は、途中で検討を打ち切るのがよい。

3．ミッションの特定

　目的は、最終的に「社会創り志向」に値する高さまで上げていく。その際、複数の絡まった目的の道筋は最後に収束していくことになるが、収束したところにミッションが見いだされることが多い。収束したところでは、選定した現状の部分モデルを構成する機能の目的がすべて充たされる。

　ミッションとして特定するうえで最も重要なことは、これまでの作業にかかわってきたメンバーが「これは是非実現したい。実現すべきだ」と本気で思うことである。そうでなければ、将来それが実現するはずがない。逆に、実現への意思が強ければ強いほど実現するものである。またメンバーが、「それは社会の役に立ち、多くの

人びとに支持される」と確信をもつことも重要である。

高いミッションを掲げてそれを実現しようとするならば、その高さに応じて人や組織などの資源を集めなければならない。見方を変えるならば、魅力的な高いミッションほど、多くの人びとや組織の能動的な合意を得て協働の輪を築くことができ、大きな貢献を果たすことができる。ゆえに、協働に合意する人・組織が実現可能な崇高なミッションに挑戦するようなチャレンジ精神が発揮されることが望ましい。ただし、社会に支持されるかどうか、また協働に合意を得ることができる人・組織がどの程度存在するかは、この時点ではあくまでも想定に過ぎない。したがって、この段階のミッションも想定に過ぎない。

■図表7-2　高いミッションに挑戦する

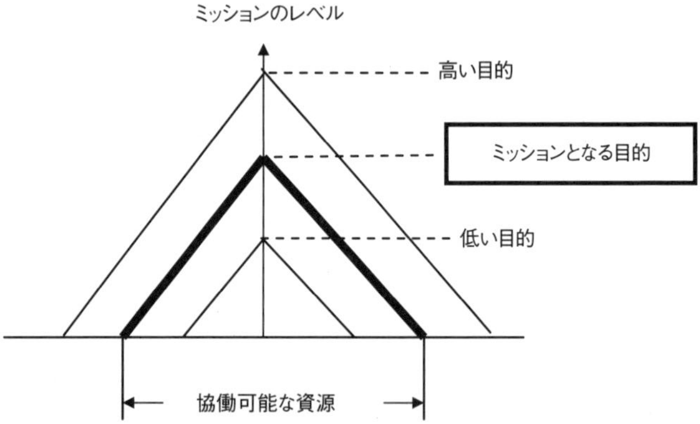
ミッションのレベル
高い目的
ミッションとなる目的
低い目的
協働可能な資源

ただし、ここで想定したミッションが魅力的でかつ挑戦可能なものであるならば、創造型マーケティングは大きく成功に近づいたと考えることができる。ミッションの特定こそが、創造型マーケティングの要なのである。

組織が現実に相対して学習を積むことにより、想定したミッションが社会に受け入れられる可能性が高くなる。したがって、学習を上手に迅速に進める組織こそが競争優位を獲得できるのである。

第2節 ビジョンの設定

1．究極の社会ビジョン

　ビジョンとはミッションが実現した姿であるが、「社会創り志向」においては、社会のありたい将来を描いたものとなる。これを生き生きと描くことで、社会に夢と目標を与え、ビジョン自体が実現される原動力となる。ビジョンが実現した姿において最も重要なのは、貢献対象がどのような価値を得るかである。その前提として、この段階でミッションの対象となる貢献対象は誰かを明らかにしなければならない。

　最も高いミッションは「人類を幸福にする」ことであり、そのビジョンは「人類が幸福になった状態」である。ここで描く「社会創りのビジョン」は、「人類が幸福になった状態」への途上になければならない。ゆえに最初に究極の「人類が幸福になった状態」を思い描いた後に、そのミッションが実現した姿である「社会創りのビジョン」を検討することを推奨したい。

　人類が先進医療の恩恵を受けて人の寿命を延ばしていくならば、莫大な人口を地球上に抱えることになる。その人類が現在の先進国並みの生活を送ろうとするならば、食料、エネルギーなどあらゆる資源が不足する。自然破壊、汚染の拡大と、想像を超える困難を人類は越えていかなければならないだろう。

　また、人類の本当の幸福とは何か、を問い直すことが避けて通れない。創造型マーケティングが目指す社会創り志向は、決して贅沢な社会を実現することではない。多様な個人と社会全体の本当の幸

福を追求し、構想を提案するマーケティングである。そのために多くの問題に直面するが、そのような問題を解決するには今後どれほどの努力が必要になるだろうか。そして、その努力はビジネスとして成り立つべきである。そのための新たな制度づくりもビジョンに含まれる。

また、ミッションからビジョンに向けて現実的なイメージへと展開する過程で、挑戦的な姿勢が薄れ、ありきたりの魅力のないものに落ち着くことが少なくない。そのようなことを防止する意味からも、「人類が幸福になった状態」を考えておきたい。もちろん、「人類が幸福になった状態」を描くことは困難であるが、そこに通じる何かを見いだすことができたならば、ビジョンに反映させたい。

そのうえで、貢献対象にどのような価値が提供できるかを明らかにしていく。

2．ビジョンを描く

ビジョンの描き方は、個人のマインドの醸成（第5章参照）において用いた考え方と、大きく変わるものではない。ただし対象は、社会になる。ゆえに、ミッションからビジョンへの展開に際して、より広がった視野が求められるため、「Justice（社会倫理）」が新たに加わる。必要に応じて、複数のメンバーが拡散思考を用いてアイディア発想をするのもよい。

また貢献対象が、この段階で想定する価値に魅力を感じてくれるのか否かを精査しなければならない。一方その裏側で、不利益を被る人が生まれるかどうかも考える必要がある。以下に、ミッションからビジョンへの展開手順をヤマト運輸の事例で示す。

| What と Who |

①ミッションを再度確認する。

＜例＞

「欲しい時と所に、欲しいモノがあることが、あたりまえな社会を実現する」

②利益を得る貢献対象は誰か、貢献対象が得る効用は何かを明らかにする。ここでいう貢献対象とは、すでに述べた通り、企業がミッションを実現することにより、新しい価値を享受できるすべての人たちのことであり、救命や警察などの生理的、安全・安心の欲求にかかわる行政サービスを享受する人たちも貢献対象に含まれる。対価を払って商品を購入する貢献対象は顧客である。

　ここでは、ミッションとビジョン、そして経営理念とその達成状態から貢献対象にどのような価値を提供したいのかを想定しなければならない。ただし、この段階では想定した価値が実際に貢献対象に受け入れられるのかどうかは定かではなく、あくまでも想定の域を出ない。

　その裏側で、不利益を得るかもしれない対象を想定していく。

＜例＞

　★貢献対象：顧客＝消費者
　　効用＝消費者の生活や仕事のリズムの中で、欲しい所に欲しいタイミングで欲しいモノを手に入れ、送りたいモノを相手に届けることができる。

　★貢献対象：行政サービス対象＝被災者や病人など安心・安全を脅かされている人
　　効用＝人命や安全に必要なモノを、必要な所へと迅速に届けることができ、人命や安全が確保できる。

● 第7章 ● ミッション、ビジョン、モデルの創造

★不利益を得る対象：現在の従業員
　　省人化により失職する可能性がある。
★不利益を得る対象：社会全体
　　宅配便サービスが犯罪などに用いられれば、社会全体を混乱させる可能性がある。

Why

③貢献対象にとって効用があると考える背景はなぜかを明らかにする。

<例>

★消費者に関して
　　環境問題から資源の有効活用が、グローバルな社会規模で求められている。
　　世の中のスピードやニーズの変化が速くなり、時間の有効活用が重要度を増している。情報の伝播スピードが速くなっているにもかかわらずモノの移動は追いつかず、ニーズに応えられていない。
　　要求も高度化しており、単にモノの移動のみならず何をどのような状態で移動させるか、それをどう生活に活かすかも含めて生活の質の向上を図る時代にきている。

<例>

★被災者や病人など安心・安全を脅かされている人に関して
　　人命や安全の確保は必然であるが、近年は災害の発生が多く、また多くの国で高齢化が進んでいる。公的な機関による対応だけでは、手が及ばない状況も予測される。可能な範囲での民間の協力が一助となる可能性がある。

> **How**

④ミッションを達成するための手段となる主たる機能へと展開する。

＜例＞

　★消費者に関して

　　「欲しい時と所に、欲しいモノがあることが、あたりまえな社会を実現する」ためには……

・物流インフラと企業によるロジスティクスの統合を図る
・マーケティングとサプライネットワークを高度化し拡大する

　　ここでサプライネットワークとは、インフラを含む流通、製造、物流関連企業の共同受配送網と、マルチメディアによる情報配送網のことである。

・マーケティングとサプライネットワークとロジスティクスのトータル・マネジメントを実現する
・環境負荷低減の行動計画を立案する

　★被災者や高齢者などの社会的弱者に関して

・緊急時にかかわる行政と企業の協力体制にかかわる法整備を行う
・緊急時にかかわる行政と企業の協力行動にかかわる具体的なマニュアルの整備と訓練を実施する
・企業の公的活動によって生ずる、コスト負担にかかわる取り決めを行う

　★消費者と被災者や高齢者などの社会的弱者の両方に関して

・上述の体制を統合する

> **When、What degree**

⑤いつまでに、どの程度達成するのか、達成のレベルをどのようにするのかを明らかにする。この段階ではビジョンをより現実的に

とらえることと、関与する個人と組織に協働を要請するための資料づくりが目的である。
＜例＞
ミッションを達成するための手段としての機能ごとに、期間を記述し、併せて協働メンバーも併記する。

Where

⑥どの範囲で活動が展開されることになるのか、ミッションの及ぶ範囲を明らかにする。
＜例＞
　★消費者に関して
　　グローバルな範囲で、情報産業、流通業、交通機関、ロジスティクス企業、住宅産業、マンション、都市行政環境庁を含む各産業の協働により展開
　★被災者や病人など安心・安全を脅かされている人の救済に関して
　　行政機関、病院、警察、災害救助隊などとの協働により実現

Justice（社会倫理）

⑦それは社会倫理に照らして正しいか否かを検証する。
＜例＞
　環境問題に配慮した資源の有効活用については、人類の幸福に通じると考えられる。ただし、モノの迅速で効率的な移動が、人類の幸福に直結するかどうかは検証を続ける必要がある。また、犯罪などに利用されないようにセキュリティーを確立する必要がある。

■図表7-3 ビジョンからミッションへの展開

ミッション(What)	Who	why	How	When	What degree	Justice
欲しい時と所に、欲しいモノがあることがあたりまえな社会を実現する	①消費者にかかわるケース	環境問題による資源有効活用が求められる。情報の伝播スピードにモノの移動が追いついていない。	物流インフラと企業によるロジスティクスの統合を図る	5年	東京・大阪間の幹線を完成させる	環境問題に配慮した資源の有効活用は、人類の幸福に通じる。モノの迅速・効率的な移動については検証を続ける必要がある。
			マーケティングとサプライ・ネットを高度化し拡大する	5年	市場情報と流通網をドッキングさせたシステムの試行まで	
			マーケティングとサプライ・ネットとロジスティクスのトータル・マネジメントを実現する	7年	トータル・マネジメント・センターを設立する	
			環境負荷低減の行動計画を立案する	2年	ネットワーク全体で達成基準を満たす計画を作成する	
	②被災者や病人など安心・安全を脅かされる状況も予測されているため、民間の協力が必要である。	公的な機関による対応だけでは手が及ばない状況も予測されているため、民間の協力が必要である。	緊急時にかかわる行政と企業の協力体制にかかわる法整備を行う	4年	法令化を完了する	犯罪などに利用されないよう、セキュリティーを確立する必要がある。
			緊急時にかかわる行政と企業の協力行動にかかわる具体的なマニュアルの整備と訓練を実施する	5年	部分からスタート、ネットワーク全体にマニュアルが浸透し、実施可能な状態をつくる	
			企業の公的活動によって生ずるコスト負担にかかわる取り決めを行う	4年	行政と企業の合意を形成する	
			①消費者、②被災者や高齢者などの社会的弱者にかかわる両方の体制の統合を図る	7年	別々のシステムに可能な部分からシナジーづくりを始める	

＊ここでは、些細な障害に意識が向いてしまい、それにより構想全体を否定することにならないように気をつける。G.ナドラーと日比野省三は著書新・ブレイクスルー思考』において、「将来ビジョンを構想する際に、例外事項ではなく通常起こる事柄(レギュラリティ)に注目すべきである」としている。

第3節 社会創りのモデルを構築する

1. ビジネス・モデルを考える

(1) ビジネス・モデルの定義

　前章では、ビジネス・モデルの概念について大まかに述べたが、ここでは、実際にビジネス・モデルを構築するためにどのような要素を組み込まなければならないかを考えていく。根来龍之は、ビジ

■図表7-4　ビジネス・モデルを構成する主要3モデル

モデル名	モデルの意味
戦略モデル	どういう顧客に、どういう仕組み（資源と活動）を基盤に、何をどう魅力づけして提供するかについて表現するモデル
オペレーション・モデル	戦略モデルを実現するための業務プロセスの構造を表現するモデル
収益モデル	事業活動の利益をどう確保するのか。収入を得る方法とコスト構造を表現するモデル

■図表7-5　時には必要になるその他のモデル

モデル名	モデルの意味
市場モデル	需要の構造と性質がどうなっているか、顧客の特質はどうなっているかという点に関する現在と将来の認識を表現するモデル
競合モデル	ライバルや新規参入者に対して、どのような競争をしようとしているかを表現するモデル
サプライチェーン・モデル	どのような企業と、どういうパートナー関係をつくるかを表現するモデル
コミュニティ・モデル	コミュニティとどのような関係をつくるか表現するモデル

ネス・モデルを「自分がどのような事業活動をしているか、あるいは構想するか表現するモデル」と定義し、そこには、少なくとも3つのモデルが必要であるとしている（図表7-4）。

また、ビジネス・モデルを検討する際、時として必要となるその他のモデルを図表7-5のように挙げている。

以上のことを踏まえ、本書では根来が提唱する各モデルを考慮のうえ、「社会創り志向」によるビジネス・モデルを考える。

(2) ビジネス・モデルを創る

「社会創り志向」によるビジネス・モデルが、どのようにして社会価値を創造するのかを具体化する。

ただし、社会創り志向のマーケティングでは、人びとの安心・安全を守るために、救命や救済にかかわる行政や非営利組織がモデル内に存在する場合がある。そこでは、ネットワーク型とピラミッド型の構造が共存し、創造思考と分析思考が使い分けられることになる。

さらに、創造的な発展を追求するような企業であっても、組織がすべてネットワーク型で成り立つとは限らない。それは、個人がすべて創造性の高い仕事を好むようになるとは考えられないからである。組織においては多様性が前提である。したがって、社会全体のみならず企業の中においても、ネットワーク型とピラミッド型、創造思考と分析思考が共存することになる。

なお、社会創りの担い手が個人であったように、それを享受するのも自立した多様な個人が中心となる。今や、自立した個人が創造的供給者であり、同時にその需要者であることも珍しくはなくなっている。

2. バランス・スコアカード

　ビジネス・モデルの構築方法において、「バランス・スコアカード（Balanced Scorecard：BSC)」を活用した例は多い。ここでもBSCを応用した手法を用いる。

　BSCは、1992年にハーバード・ビジネス・スクールのロバート・S・キャプラン教授とノーラン・ノートン社のデビット・P・ノートン博士により研究成果として発表されたマネジメントの枠組みである。

　BSCは戦略を明確にし、その実現のための指標を設定してバランスのとれた業績の評価を可能にしたものである。そして、戦略実現に向けた具体的な活動の設計と、実行、評価の枠組みをもつ内容となっている。ここでのバランスとは次の5つを意味する

◎財務／非財務的評価項目のバランス
◎結果／先行指標のバランス
◎外部／内部的評価項目のバランス

■図表7-6　BSCにおける4つの視点

視点	内容	具体的な指標（例）
財務の視点	財務的に成功するために、株主に対してどのように行動するべきか	売上、収益率、株主資本利益率、コストの削減率、資金回収の短縮化など
顧客の視点	ビジョンを達成するためには、顧客に対してどのように行動するべきか	顧客満足度、マーケット・シェア、顧客のリピート率、新規顧客の獲得率など
業務プロセスの視点	株主と顧客を満足させるために、どの業務プロセスに卓越しなければならないか	コスト、品質、歩留、クレームの発生数、時間、スピードなど
学習と成長の視点	ビジョンを達成するために、どのように改善し能力向上を図るか	従業員満足度、提案件数、離職率など

◎短期／長期目的のバランス

◎ステークホルダー間のバランス

BSCでは、業績評価のための指標として、図表7-6の4つの視点で具体的な指標を設定して、経営をとらえている。これが、「KPI（Key Performance Indicator：重要業績指標）」である。

この4つの視点を、重層化されたフォーマットに記述し、目標達成の道筋を明らかにしたものを「戦略マップ」と呼ぶ（図表7-7）。

BSCでの4つの視点ではそれぞれが独立しているのではなく、常に上位の視点と繋がっている。それが図表7-7の矢印の意味である。たとえば、学習と成長の視点の指標Aに対して、指標Aを向上させることによって、業務プロセスの視点の指標Bと指標Cが改善で

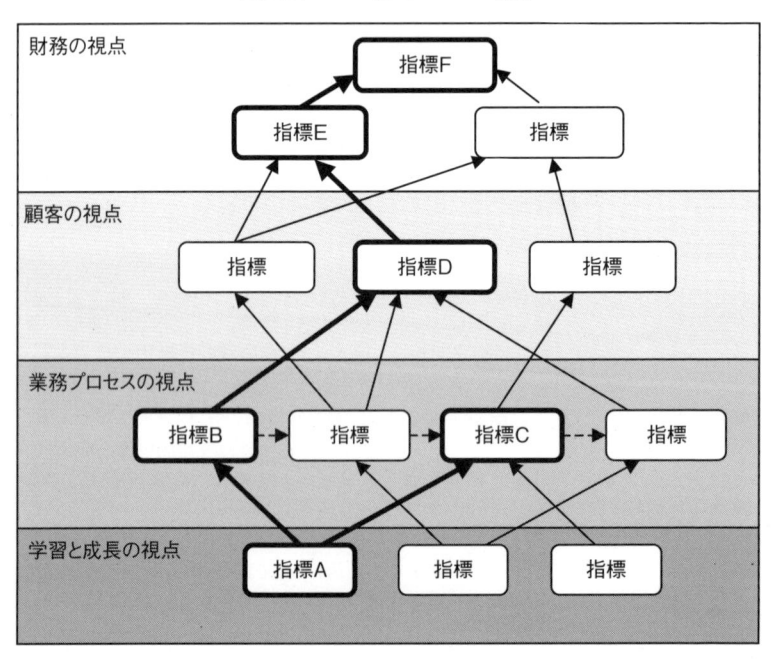

■図表7-7　戦略マップ（例）

きる。さらには指標Bを向上させることによって、顧客満足の視点の指標Dが高められる。そして最終的には最上位の指標（指標F）が向上することになるのである。

3．創造型マーケティングにおける「全体構造図」

本書では、BSCを企業経営に導入することを目的としていない。ここでは、BSCの考え方を応用してビジネス・モデルを形成していく。BSCの「戦略マップ」の各視点に追加と変更を加えて、①「社会創りの視点」、②「経営理念の視点」、③「貢献対象の視点」、④「財務の視点」、⑤「成長の源泉の視点」および⑥「ビジネス・モデルの視点」から構成される新しい「全体構造図」を図表7-8に示す。

ここでは、①〜⑥の順番に記述をしていく。最後に記述を行うのが⑥「ビジネス・モデルの視点」の項目であり、①〜⑤の検討内容を総合したうえで、創意工夫を加えてビジネス・モデルがもつべき

■図表7-8　創造型マーケティングにおける「全体構造図」

	目的表現	達成手段
①社会創りの視点	ミッション	ビジョンの〔HOW〕の内容
②経営理念の視点	経営理念	経営理念の実現手段
③貢献対象の視点	貢献対象	ビジョンの〔WHO〕の内容
④財務の視点	＊指標と達成目標	＊指標と目標達成のための主な手段
⑥ビジネス・モデルの視点	＊ビジネス・モデル名	＊ビジネス・モデルがもつべき主な機能
⑤成長の源泉の視点	自社の成長の源泉	＊自社の成長の源泉を育成し活かす手段

＊新たに検討して記述する項目。他は、ここまでのフェーズで検討ずみ。

機能を決定していく。各視点の関係は次の通りである。

①社会創りの視点

本章の第1節と2節で設定した、社会創り志向に基づくミッションとビジョンを記述する。これは、「人類を幸福にする」に通じる内容となっている。また、自社の経営理念と達成状態の延長線上に実現するように設定されている。よって、自社だけではなく他の個人や組織との協働により実現を目指すものでもある。

②経営理念の視点

第6章で設定した自社の経営理念と達成状態を記述する。これは、ミッションとビジョンを実現するための自社が果たす役割の範囲を示すものとなる。ここでは、そのような整合性がとれていることを確認しなければならない。

③貢献対象の視点

本章の第2節で明らかにしたミッション、ビジョンにおける貢献対象とその効用を記述する。前述の通り、貢献対象には、行政サービスの対象であるシチズンという意味での市民と、対価を払って商品を購入する貢献対象である顧客が存在する。効用も、それぞれを分けて記述する。

④財務の視点

企業として継続的に社会創りにかかわるために必要な財務指標と目標を定めることになる。その実現のために、顧客にとってどれほどの効用をもたらし、売上目標を確保するのか、一方、コストをどのような工夫で抑制するのかを明らかにする。ビジネス・モデルに

おける収益モデルにかかわる重要な項目である。他の視点を全体としたうえで、創意工夫を凝らし収益モデルを考案し、記述する。

⑤成長の源泉の視点

　次に、最下段の成長の源泉の視点を検討する。すでに明らかにしている成長の源泉をどのように育成し活用することによって、顧客を含む貢献対象への価値が提供でき、財務目標が満たせ、経営理念とミッション、ビジョンが実現できるかについて、具体的に取り組むべき内容を見いだしていく。

⑥ビジネス・モデルの視点

　最後に、貢献対象に価値を提供し、財務目標を達成し、経営理念とミッション、ビジョンを現実のものとするビジネス・モデルのもつべき機能を定める。この「全体構造図」では、ビジネス・モデル全体の機能を一言で定義して記述する。①から⑤までの検討結果を総合するとともに、創意工夫を加えて、直接、機能モデルとして描く。

　図表7-9に、ヤマト運輸を想定した「全体構造図」の記述例を示す。

■図表7-9 「全体構造図」の記述（ヤマト運輸の例）

	目的表現	達成手段
① 社会創りの視点	・欲しい時と所に、欲しいモノがあることがあたりまえな社会を実現する	・物流インフラと企業によるロジスティクスの統合 ・マーケティングとサプライ・ネットの高度化と拡大 ・マーケティングとサプライ・ネットとロジスティクスのトータル・マネジメントの実現 ・環境負荷低減の行動計画の立案 ・緊急時の行政と企業の協力体制にかかわる法整備 ・緊急時の行政と企業の協力行動にかかわる具体的なマニュアルの整備と訓練の実施 ・企業の公的活動により生ずるコスト負担の取り決め ・消費者、被災者や病人など安心・安全を脅かされている人にかかわる両方の体制の統合
② 経営理念の視点	・社会的インフラとしての宅急便ネットワークの高度化 ・より便利で快適な生活関連サービスの創造 ・革新的な物流システムの開発 ・以上を通じて、豊かな社会の実現に貢献する	・荷主と宅急便各企業の共同配送体制の構築 ・流通企業と顧客をマーケティング活動の軸にして結ぶサプライ・ネットの構築 ・行政を巻き込んだインフラ整備によるマクロな活動と、各企業の活動の統合
③ 貢献対象の視点	①消費者 ②被災者や病人など安心・安全を脅かされている人	①消費者の生活や仕事のリズムの中で、欲しい所に欲しいタイミングで欲しいモノを手に入れ、送りたいモノを相手に届ける ②人命や安全に必要なものを、必要な所へと迅速に届けることができ、人命や安全を確保する
④ 財務の視点	・売上目標 ・コスト削減目標 ・利益目標 などの財務・経営指標	①潜在ニーズの把握力を高め、流通、製造、広告代理店との協働により、魅力的な商品づくりの実現による単価アップ ②広告代理店やプロバイダーとの協働により、マルチメディアでの顧客との情報受発信を可能にすることによる利用頻度向上 ③商品の受配送の簡便性を高めることによる利用頻度向上 ④共同配送と集配密度の向上によりコスト低減を進める
⑥ ビジネス・モデルの視点	＊この項目は次の検討に進んだうえで記述する	＊この項目は、直接機能モデルとして記述する
⑤ 成長の源泉の視点	・潜在ニーズを発掘し、人的サービスと情報サービスと結びつけて実現する	・対面時における顧客との会話を促進する ・会話の中から潜在ニーズを認識する仕組みをつくる ・携帯電話、PC、TV、車のナビゲーションシステム、セールスドライバーの携帯端末などの、あらゆるメディアを有機的に結びつける ・荷、人、情報、お金、時間が顧客の欲しい時、所に欲しい状態で、効率的に届くような仕組みをつくる

• 第7章 • ミッション、ビジョン、モデルの創造

第4節 ビジネス・モデルの機能モデルを構築する

1．機能モデルの構築

　ビジネス・モデルには、最終的には競争にかかわる要素を導入することが必要となる。しかし、"これまでにない市場"を想定している現段階で競合を想定することは難しい。競争が認識できるのは、ビジネス・モデルにおいて協働し参画する具体的な個人や組織を決定する段階になる。ゆえに競争については、ビジネス・モデルを具体化する第8章において検討を加える。

　この段階では、前節の「全体構造図」（図表7-9）で明らかにした、①「社会創り視点」から⑤「成長の源泉の視点」までに導き出された目的表現と達成手段をもとに、大まかな機能モデルづくりを進める。具体的には、それらを抽出し目的と手段で関係づけていく。

　この際、各機能は「〔名詞〕を〔動詞〕する」という表現で記述する。矢印の始まりが手段であり、矢印の先が目的となる。

　図表7-10の機能は、ビジネス・モデルの大枠をヤマト運輸の例で示すものである。

　ここで出された機能をもとに、その手段または目的を追求して、あるべき機能や具体的な機能を導き出していく。アイディア出しを実施するのもよい。

　ここでは、図表7-10から抜粋した一部の機能（点線で囲んだ部分）の連鎖を例にとって、新たな機能を導き出す方法を図表7-11に示す。

●第Ⅱ部●創造型マーケティングの考え方と進め方

■図表7-10　機能の抽出と関連づけ（ヤマト運輸の例）

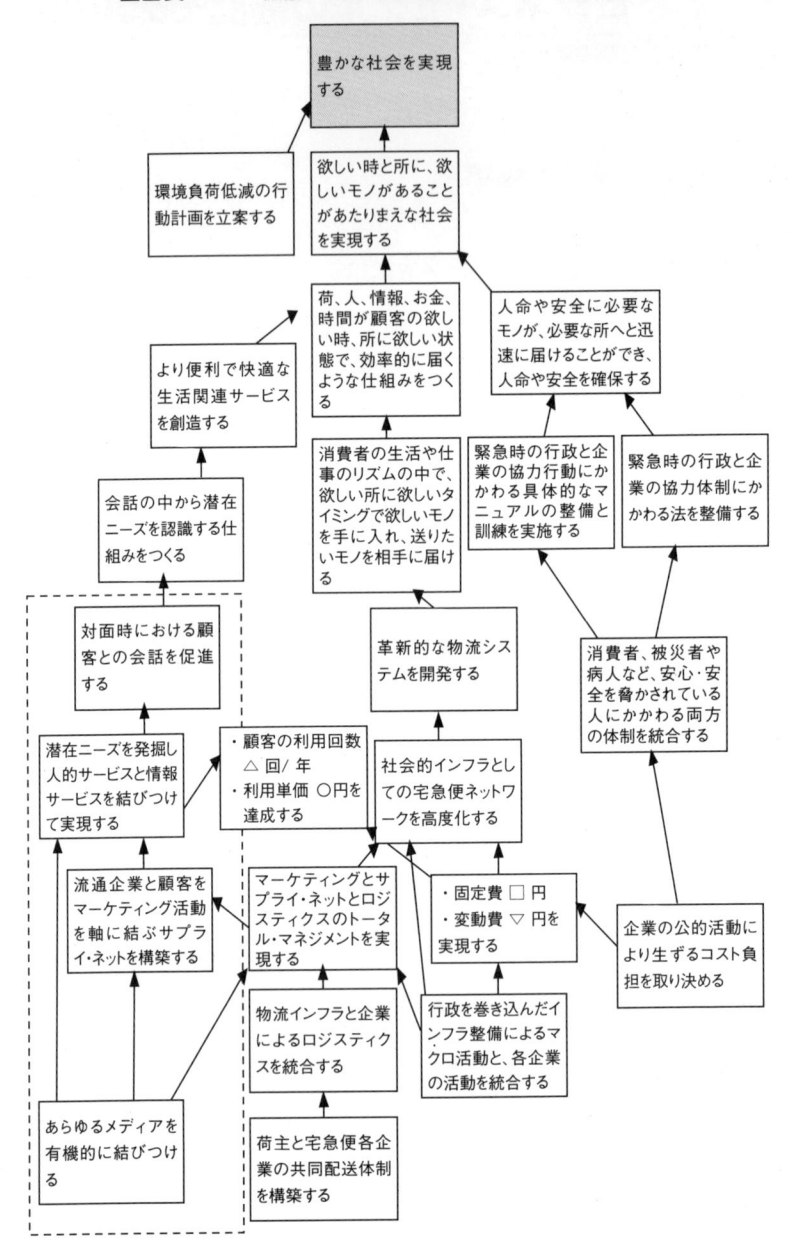

（図表：ヤマト運輸の機能抽出と関連づけの関係図）

主な要素：
- 豊かな社会を実現する
- 欲しい時と所に、欲しいモノがあることがあたりまえな社会を実現する
- 環境負荷低減の行動計画を立案する
- 荷、人、情報、お金、時間が顧客の欲しい時、所に欲しい状態で、効率的に届くような仕組みをつくる
- 人命や安全に必要なモノが、必要な所へと迅速に届けることができ、人命や安全を確保する
- より便利で快適な生活関連サービスを創造する
- 消費者の生活や仕事のリズムの中で、欲しい所に欲しいタイミングで欲しいモノを手に入れ、送りたいモノを相手に届ける
- 緊急時の行政と企業の協力行動にかかわる具体的なマニュアルの整備と訓練を実施する
- 緊急時の行政と企業の協力体制にかかわる法を整備する
- 会話の中から潜在ニーズを認識する仕組みをつくる
- 対面時における顧客との会話を促進する
- 革新的な物流システムを開発する
- 消費者、被災者や病人など、安心・安全を脅かされている人にかかわる両方の体制を統合する
- 潜在ニーズを発掘し人的サービスと情報サービスを結びつけて実現する
- ・顧客の利用回数 △回/年
  ・利用単価 ○円を達成する
- 社会的インフラとしての宅急便ネットワークを高度化する
- 流通企業と顧客をマーケティング活動を軸に結ぶサプライ・ネットを構築する
- マーケティングとサプライ・ネットとロジスティクスのトータル・マネジメントを実現する
- ・固定費 □円
  ・変動費 ▽円を実現する
- 企業の公的活動により生ずるコスト負担を取り決める
- 物流インフラと企業によるロジスティクスを統合する
- 行政を巻き込んだインフラ整備によるマクロ活動と、各企業の活動を統合する
- あらゆるメディアを有機的に結びつける
- 荷主と宅急便各企業の共同配送体制を構築する

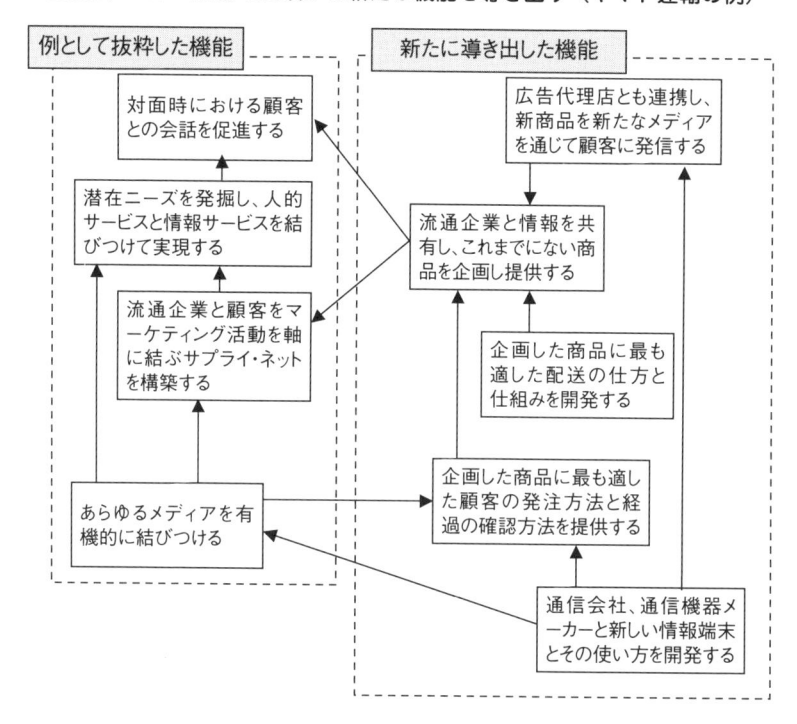

● 第7章 ● ミッション、ビジョン、モデルの創造

■図表7-11　機能の連鎖から新たな機能を導き出す（ヤマト運輸の例）

```
┌─ 例として抜粋した機能 ──────┐  ┌─ 新たに導き出した機能 ──────┐
│                            │  │                            │
│      ┌──────────┐          │  │    ┌──────────┐            │
│      │対面時における顧客│          │  │    │広告代理店とも連携し、│            │
│      │との会話を促進する│          │  │    │新商品を新たなメディア│           │
│      └──────────┘          │  │    │を通じて顧客に発信する│            │
│           ↑                │  │    └──────────┘            │
│      ┌──────────┐          │  │         ↑                  │
│      │潜在ニーズを発掘し、人的│      │  │    ┌──────────┐            │
│      │サービスと情報サービスを結│    │  │    │流通企業と情報を共│            │
│      │びつけて実現する│          │  │    │有し、これまでにない商│           │
│      └──────────┘          │  │    │品を企画し提供する│            │
│           ↑                │  │    └──────────┘            │
│      ┌──────────┐          │  │         ↑                  │
│      │流通企業と顧客をマ│          │  │    ┌──────────┐            │
│      │ーケティング活動を軸│         │  │    │企画した商品に最も│            │
│      │に結ぶサプライ・ネット│       │  │    │適した配送の仕方と│            │
│      │を構築する│              │  │    │仕組みを開発する│            │
│      └──────────┘          │  │    └──────────┘            │
│           ↑                │  │                            │
│      ┌──────────┐          │  │    ┌──────────┐            │
│      │あらゆるメディアを有│         │→ │企画した商品に最も適し│           │
│      │機的に結びつける│          │  │    │た顧客の発注方法と経│            │
│      └──────────┘          │  │    │過の確認方法を提供する│           │
│                            │  │    └──────────┘            │
│                            │  │                            │
│                            │  │    ┌──────────┐            │
│                            │← │通信会社、通信機器メ│           │
│                            │  │    │ーカーと新しい情報端末│           │
│                            │  │    │とその使い方を開発する│           │
│                            │  │    └──────────┘            │
└────────────┘  └────────────┘
```

　他の機能についても同様に導き出す。

　先に抽出された機能と、さらにそこから導かれた機能からビジネス・モデルの中核となる骨組みを設計していく。これが、新たな機能モデルとなる。

　後の段階では、研究開発、購買、生産、販売、流通、財務、情報、人事などの機能別戦略を詳細に設計しなければならない。さらに、オペレーションまで設計する必要も生ずる。細部のオペレーションがビジネス・モデルの中核を担う場合には、この段階でそのオペレーション部分を描いておく必要がある。しかし、現段階では要点を押さえた機能モデルで十分である。

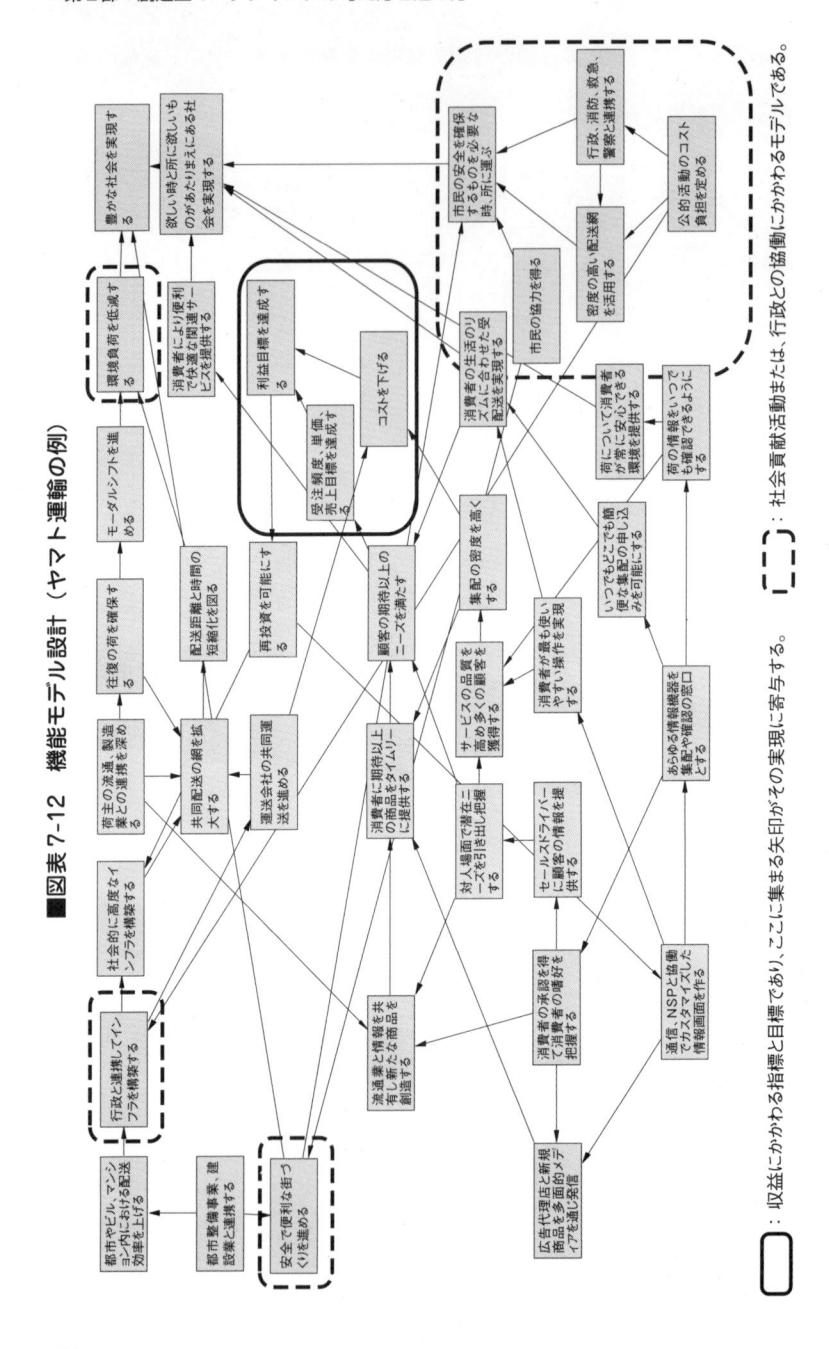

●第Ⅱ部● 創造型マーケティングの考え方と進め方

■図表7-12 機能モデル設計（ヤマト運輸の例）

□ ：社会貢献活動または、行政との協働にかかわるモデルである。

□ ：収益にかかわる指標と目標であり、ここに集まる矢印がその実現に寄与する。

また、国や地方行政との協働が機能として描かれているが、実際にヤマト運輸は過去に国に働きかけて規制の緩和を促してきた。社会創り志向のマーケティングでは、さらに行政との協働も重要になってくる。

2．機能モデルの具体化に向けたプロセス

　この後、各機能をどの人や組織が担うかを決定するプロセスへと進む。この段階からは頭の中の構想ではなく、現実世界へと足を踏み入れる。実際に機能を担う人と組織は、現実の交渉によって決定される。

　どの人・組織から交渉を始めるのか、どの順番で納得を得るのがよいのかも、ビジネス・モデルを実現するうえで極めて重要な選択となる。また、想定した反応通りか、そうでないのか、どのように異なるか、によってビジネス・モデルは修正を余儀なくされる。

　このように、現実に機能するビジネス・モデルは、自社と他の人や組織との協働によって構築されていくが、その際、社会創りを協働で進める場合でも、営利を追求する企業間の競争は存在する。競争は、健全な社会を創るためにも必要である。競争にはビジネス・モデル間のみならず、ビジネス・モデル内でも起こる。ビジネス・モデルの形成過程においてイニシアチブをとれるか否かも、競争優位の獲得に影響する。たとえば、前述の次世代DVD規格におけるブルーレイとHDD陣営の形成過程において、内部でイニシアチブのとり合いが存在したといわれている。協働関係と競争関係は表裏の関係にある。

　イニシアチブをとるには、タイミングを見計らって優れた構想を示し、求心力を発揮することが求められる。どのタイミングで構想

を提示するにしろ、よく練られた構想を自社内で具体的に固めておかなければならない。

協働する人や組織の選定に際しては、複数の選択肢を挙げたうえで評価し、意思決定を行うことにより、社会貢献と競争優位をもたらすビジネス・モデルの構築が可能になる。どの人や組織を選択するかにより、モデル間およびモデル内の競争に決定的な影響を及ぼす。

3. 創造型マーケティングにおける3つのビジネス・モデル

前節では根来の定義によるビジネス・モデルを構成する主要3モデルを紹介したが、創造型マーケティングでは図表7-13のように別々の視点で作成した3種類のモデルを総称して、ビジネス・モデルとしている。時系列モデル、具体化モデルについては第8章で詳述する。

■図表7-13　根来の定義と創造型マーケティングにおけるビジネス・モデル

根来の定義によるモデル	創造型マーケティングにおけるモデル
戦略モデル	機能モデル
オペレーション・モデル	時系列モデル
収益モデル	具体化モデル

機能モデルは、ビジネス・モデルの要となる。時系列モデルは、機能モデルを時系列に記したもので、価値がどのようなプロセスで形成されるのかの具体的な活動の流れを示している。具体化モデルは、機能モデルをキャスト化したもので、人・モノ・金・情報の流れを、いつ、どこに、何を、どのように行うか明確に記したもので

ある。時系列モデルは、具体化モデルを構成する個人や組織が実際にどのようなオペレーションをどのような手順で行えばよいか、という情報を与えるものである。また、具体化モデルは時系列モデルで示されたオペレーションの分担と連携を明らかにする役割を担うことになる。

　図表7-14は、創造型マーケティングを構成する3つのモデルの関係を示したものである。

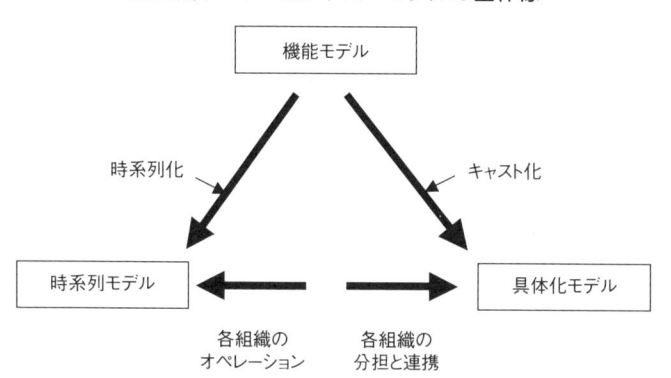

■図表7-14　ビジネス・モデルの全体像

```
                    機能モデル
                   ／       ＼
              時系列化       キャスト化
               ↙               ↘
        時系列モデル ←―――――→ 具体化モデル
                    各組織の    各組織の
                 オペレーション  分担と連携
```

　ここまで、ビジネス・モデルに求められる機能とその間の関係を設計してきたが、それに基づき、機能を担う人や組織を選択していく。

　ここから始まるのが、学習である。現実と向き合って交渉を始めるにしても、頭で創ってきた構想通りに事が進まないほうが多いのが現実である。ここで、構想と現実の乖離が生じる原因や背景を明らかにしながら、この乖離を可能な限り縮小していく具体的な努力が必要不可欠となる。これを可能とする組織こそが、多様かつ著しい変化の中でビジョンを現実のものにできる。

第8章

創造型マーケティングの具体的な進め方（4）
ビジネス・モデルの構築と学習

これまで組織内における機能をベースとした機能モデルを創り上げてきた。これから、戦略性を付加し、コミュニケーションと交渉を検討して時系列モデルと具体化モデルをつくる。これによってビジネス・モデルは完成する。その後、作成した3つのモデルをもとに具体的な商品を企画することになる。最後に、完成したビジネス・モデルを高い確度で実現するための組織学習のポイントについて述べる。

```
                    学 習
        ┌─────────────────────────┐
        │  第7章で作成した機能モデル  │
        │            ↓              │
        │      戦略性の付与          │
時系列化 │       ↙     ↘           │ キャスト化
        │   ↓           ↓         │
        │ 時系列モデル  具体化モデル │
        └─────────────────────────┘
                    ↓    ↓
                  商品企画
```

第1節 協働を進める

1．モデルを現実に導入する際の留意点

　前章で、ミッション設定、ビジョン構想化、そして機能モデルの設計へと進めてきた。しかし、これらはすべて頭の中だけの構想に過ぎない。これから構想したことを現実に導入しながら、機能モデルを具現化しつつ実行する段階に入る。

　機能モデルをもとに、具体的なビジネス・モデル創りを進めていくが、その際、構想したモデルと現実は乖離していることを踏まえておかなければならない。現実とモデルを比較しながら、学習を進めつつ慎重に現状を変えていく必要がある。

　前述の通り、人は現実をそのまま観ているわけではなく、認識の欠落や歪み、偏りが含まれている。ゆえに、創り上げたモデルも自分勝手な錯覚が多く入り込んでいることが多い。

　また、人は頭の中の構想を現実の世界に向けて、そのまま実現したがる傾向がある。身近な例では、テレビ番組や映画を見た後には、自分がヒーローやヒロインにでもなったような錯覚を覚え、言動まで真似てしまうことがある。また、大好きなタレントが着ていた同じ服を購入し実際に着てみると、自分には似合わないことに気づくこともある。経済においても、数式からなる金融モデルを現実で機能させようとするが、現実はモデル通りに動くとは限らない。

　形あるモノは、自然の摂理に沿わない限り世の中に出現しなかった。よって、モノづくりが重要な時代には、人間は頭の中を自然の摂理という外部の現実に合わせるように努力した。今日、人の心理

が社会を大きく動かす時代になり、現実をビジョンに合わせようとするようになった。そのため、構想が現実と大きく乖離している場合には、現実を無理な形でその構想の中に押し込めてしまいがちである。過去に、うまくいかなかった政策などの多くは、この類であると考えられる。

2. 協働に向けて

　創造した構想がそのまま他の人や組織に受け入れられるとは限らない。他の人や組織と協働しようとすると、衝突や葛藤を生むことが多い。しかし、協働から創発が生まれ、さらに、高くて新しいミッションを生み出す機会を得ることができる、と前向きにとらえるべきである。他の人や組織の視点に立ってそれぞれの見解を尊重しつつ、一方で自組織の考えを主張するという協力性と自己主張性を高いレベルで実現することが重要である。
　また、一緒に仕事をすることによって、何かよいことが起こるだろうと考えてはいけない。創発の結果として、双方が積極的に合意できる魅力的なミッションとビジョンが設定できてこそ、その後に実行レベルでの協働が動き出すのである。ミッションとビジョンが不明確なままに提携を結び、何の成果も生むことなく提携を解消した例は、自動車産業や電機産業などにおいて枚挙にいとまがない。
　さらに企業は、協働の場を得るために、合併・買収などを行うことがある。近年、法や制度が整備されて、このような動きがとりやすくなってきた。その際には、企業がネットワーク型構造をとるようになった背景を忘れてはならない。この構造の最大の利点は、人的資源の独自性を尊重し、創造性を引き出すことにあった。これはピラミッド型構造における定型化した機械的な作業から、より人を

活かす社会へと道を開くものである。ゆえに、相手組織の保有する製品や設備を獲得することのみを目的とした合併・買収が妥当かどうかは慎重に検討すべきである。現実に買収が途中で頓挫した例は、いくつかの産業で見ることができる。

第2節 戦略性の検討

1．ネットワーク内外の競争バランス

　この段階の機能モデルには、競争性が十分に備わっていない。競争を検討する場合、ネットワーク型社会では、ネットワーク内とネットワーク間（外）の両方の競争を見据える必要がある。ネットワーク内で協働する仲間は、一方で競争相手でもある。顧客から得る売り上げから、ネットワーク内でのコストを差し引いた金額がネットワーク全体にとっての目標利益となる。この利益の分配を巡る競争が生まれる。

　創造型マーケティングの目的は、既存事業の枠組みを超えて成長をもたらす新たな市場を創造することである。このような市場では、ネットワーク間の競争を避けるような市場を設定することが望ましい。しかし、現実には、同じような社会創りを目指す他のネットワークとの競争が発生する可能性を否定できない。

　したがって、自社の利益の配分を大きくするためには、ネットワーク内で協働する他の人や組織は、自社と比較して競争優位性が低いことが望ましい。その一方で、他のネットワークとの競争に優位に立つためには、優位性の高い協働相手を選定しなければならない。このような矛盾を解決しつつ、協働と競争を戦略的にマネジメントすることが求められる。原則は、他のネットワークとの競争に勝利したうえで、ネットワーク内競争で優位を得ることである。

　ネットワーク内外の競争と自社の利益の関係を概念式で表すと、次のようになる。

> ネットワーク間競争力×ネットワーク内競争力＝利益

　図表8－1は、ネットワーク間とネットワーク内の競争の優劣をマトリクスで表したものである。図表中の各象限では、競争優位を獲得する際、次の施策が考えられる。

■図表8-1　ネットワーク内外の競争バランス

		ネットワーク間	
		優　位	劣　勢
ネットワーク内	優位	〔第1象限〕 完全競争優位	〔第3象限〕 内部競争優位
	劣勢	〔第2象限〕 外部競争優位	〔第4象限〕 完全競争劣位

①第1象限：完全競争優位

　ネットワーク間もネットワーク内でも優位の完全競争優位の状態にあり、目指すべき状態である。ここでは、他ネットワークへの優位と自社のネットワーク内の優位をさらに安定的に確保する努力が必要になる。また、他のネットワークに先んじて、さらに高いミッションへと移行することで、他を突き放すことができる。

②第2象限：外部競争優位

　ネットワーク間では優位であるが、ネットワーク内で劣勢の状態である。ここでは完全競争優位と同様に、他のネットワークに対して今以上の優位性を確保する必要がある。その活動の中で、自社がネットワーク内で優位を獲得する施策を遂行しなければならない。そのためには、VRIOの考え方が役に立つ。VRIO分析とは、オハイオ州立大学のジェイ・B・バーニー教授が提唱した企業の持つ経営資源を、次の4つの視点から分析し、企業の競争優位性を確立するものである。

◎V（Value）：経済価値
　保有する経営資源や組織能力は、外部環境における脅威や機会に適応できるか。
◎R（Rareness）：希少性
　ごく少数の競合他社しかもつことのできない希少価値のある経営資源を保有しているか。
◎I（Immutability）：模倣性
　競合他社が容易に模倣できない、模倣するためには膨大なコストがかかる経営資源を保有しているか。
◎O（Organization）：組織
　経営戦略が実行できるように、自社の組織・システムは体系的に組み立てられているか。

　これらの視点を強化することにより、競争優位を確かなものにすることができる。自社を含めたネットワーク内で協働する人・組織をVRIO分析により評価し、相対的にネットワーク内での自社の競争優位を確かなものにする努力を払わなければならない。

③第3象限:内部競争優位

　ネットワーク間が劣勢で、ネットワーク内が優位な内部競争優位の状態である。ここでは、競争の基本戦略を明確にしたうえで、VRIOの考え方をネットワーク間競争に活用して自社の属するネットワークの顧客へ提供する価値を高めることが求められる。この象限では、優位な他のネットワークと比較して売り上げが低いため損益分岐点が高く、利益が小さくなってしまう。ゆえに、開発投資が困難となり、他のネットワークに比較して競争劣位になるという悪循環に陥る可能性が高い。したがって、次の施策を講ずる必要が生まれる。

　A. ネットワークの個々のメンバーの能力強化を図る。
　B. ネットワークのメンバー間の協働を強化する。
　C. ネットワークのメンバー間のコミュニケーションを設計し直して全体の競争力を強化する。
　D. ネットワークのメンバーを入れ替えて競争力の強化を図る。
　E. 社会創りミッション、ビジョン自体を再創造する。

　ここでは、たとえばEを行えば、E以前のすべての変更を行うことになる。同様にDを行えば、C以前のすべての変更を余儀なくされる。以下も、同様である。

④第4象限:完全競争劣位

　ネットワーク間でもネットワーク内でも、劣勢にある完全競争劣位の状態である。最も収益が低い状態であるため、撤退の検討が必要となる。

〔事例研究〕

　近年、環境対策の視点から住宅産業などにおいて、共同配送の幹

線づくりの構想が議論されている。このような企業の大口受配送の場合、ハウジングメーカーや住宅材料メーカー、ロジスティクス企業などが参画して、ネットワーク組織を構成する。それも、複数の競合するネットワーク組織が生まれる可能性もある。

一方、個人宅配の場合に共同配送の幹線や配送網を構築する場合に、どの企業がイニシアチブをどのようにとりネットワーク内競争を優位に進めるのだろうか。ネットワーク間競争では、競合する小口宅配のネットワーク組織が新たに生まれるのか、他のネットワーク組織を統一するのか、また、企業大口受配送のネットワーク組織と協働するのか、競合関係になるのか、などの多面的な戦略を探る必要が生まれつつある。

2. ミッション・モデル・マトリクス

ネットワーク型組織においても、従来の戦略的な枠組みを応用して、戦略性を高めることができる。

(1) 成長戦略

企業の成長戦略としては、H・イゴール・アンゾフの提唱する「製品市場マトリクス」が最も有名である。製品市場マトリクスは、「市場」と「製品」を2軸で示し、それぞれの軸は「既存」と「新規」に区分される4つの象限をもつマトリクスとなっている（図表8-2）。

アンゾフは、企業が成長するには、4象限のどれかに集中して資源を投資しなければならないとしている。その際、リスクとシナジーを考慮して、市場浸透戦略、製品開発戦略、市場開発戦略、多角化戦略の順番に選択することが多い。

■図表8-2　製品市場マトリクス

		製品	
		既存	新規
市場	既存	①市場浸透戦略	②製品開発戦略
市場	新規	③市場開発戦略	④多角化戦略

出所：H.I.アンゾフ著／中村元一、黒田哲彦訳（1990）一部改変

(2) ミッション・モデル・マトリクスとは

　ネットワーク全体の成長の方向を示すものとして、創造型マーケティングでは、創造の重要性と著しい環境変化という、ネットワーク型社会の2つの特徴的な側面を踏まえたミッション・モデル・マトリクスを提案する。このマトリクスでは、横軸にはビジネス・モデルをとり「既存のビジネス・モデル」と「環境変化に対応したビジネス・モデル」で分類し、縦軸はミッションのレベルを示すため、「既存のミッション」と「高度化したミッション」によって分類した4象限から構成される（図表8-3）。

　このマトリクスは、創造の重要性と著しい環境の変化という、ネットワーク型社会の2つの特徴的な側面を踏まえて考案したものである。以下にその概要を示す。

①ネットワーク強化

　「既存のミッション」のもとで「既存のビジネス・モデル」を発展させるには、潜在化している需要を顕在化する、または他のネッ

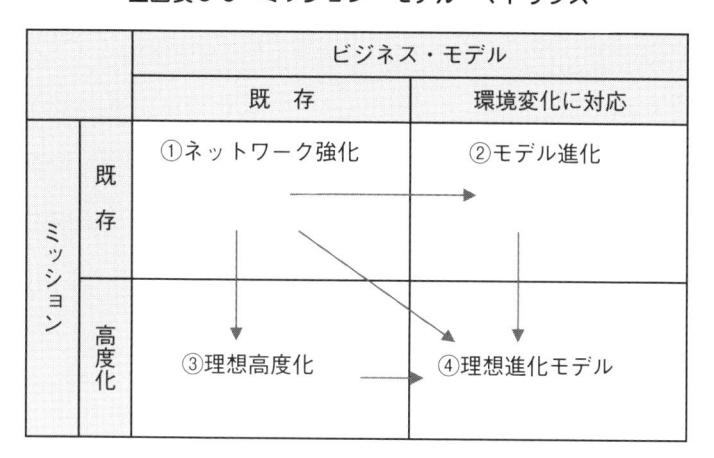

■図表8-3　ミッション・モデル・マトリクス

		ビジネス・モデル	
		既　存	環境変化に対応
ミッション	既存	①ネットワーク強化	②モデル進化
	高度化	③理想高度化	④理想進化モデル

トワークの市場を奪う、などの活動を展開しなければならない。そのためにもネットワークの質的強化を図ることが不可欠である。ミッションを達成するために適切な資源を協働しながら配置し、VRIOの視点により強化する。

②モデル進化

「既存のミッション」における「環境変化に対応したビジネス・モデル」を実現するためには、モデルの随時的進化が必要である。環境変化に対応しながらネットワーク内に発生する矛盾を解消する問題解決を進め、最適な資源の展開を目指す。

③理想高度化

「高度化したミッション」を、「既存のビジネス・モデル」を土台として実現するには、新たな理想高度化を行う。目指してきたミッションが達成され、既存のビジネス・モデルのポテンシャルが高い場合には、さらに「人類の幸福」に向けて理想性を高め、高いミッ

ションへと移行する。第7章で示したように、部分モデルを切り取り目的を上げていく。

④理想進化モデル

「高度化したミッション」で、かつ「環境変化へ対応したビジネス・モデル」を実現するには、理想進化モデルが必要になる。それは高いミッションへの移行と、環境の先取りを同時に進めることであり、従来のミッションが達成される前に次の新しいミッションへとビジネス・モデルを移行させることになる。ビジネス・モデルが現実と乖離したものとならないように留意する必要がある。

〔事例研究〕

第7章では、ヤマト運輸をモデルとして、ミッションを高く掲げた新たな機能モデルの構築までを説明した。これは図表8-3の「ミッション・モデル・マトリクス」における、「ネットワーク強化」から「理想高度化」へ移行する事象を表したものである。

3．ビジネス・モデルのライフサイクル

(1) Sカーブ

ビジネス・モデルは、そのライフサイクルに応じて変容させなければならない。イノベーションの分野では、対象となるシステムが経る導入期、成長期、成熟期、衰退期の経緯をSカーブで表す。そして、1つのSカーブが衰退期を迎える頃に、さらにその上に次世代のSカーブが発生し、イノベーションが継続的に進む。

図表8-4のSカーブは、学校法人産業能率大学MOT研究プロジェクトがイノベーションの変化を、縦軸に理想度、横軸に時間をとっ

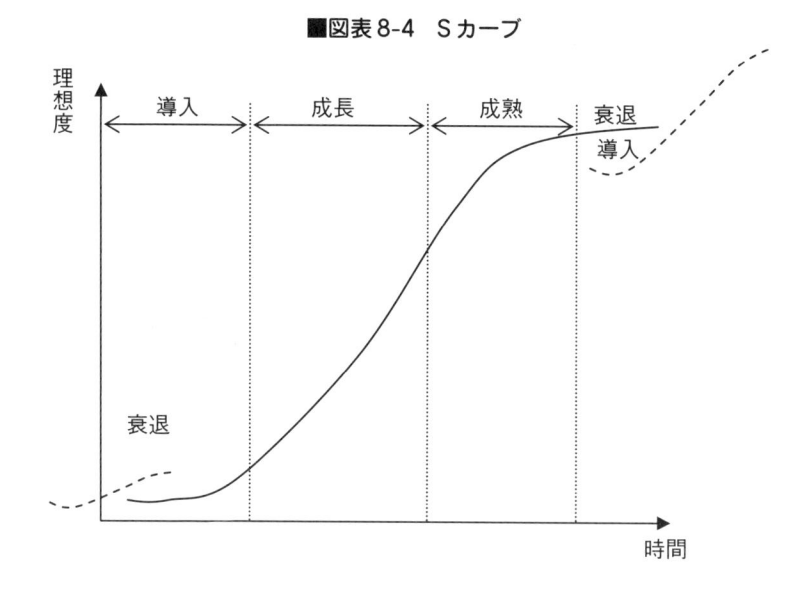

●第8章●ビジネス・モデルの構築と学習

■図表8-4　Sカーブ

て表したものである。

　すでに述べた通り、ビジネス・モデルに含まれる矛盾を解消することによって、そのビジネス・モデルの理想度を高めることができる。

(2)　ライフサイクルごとの状況

　イノベーションは、ジョセフ・シュンペーターが「新結合」により実現すると提唱した通り、ネットワーク型の構造はまさに、新結合を誘発するための構造である。ネットワーク型社会におけるビジネス・モデルの成長と衰退のライフサイクルは、Sカーブのもつメカニズムに近似するものと考えることができる。

　革新的問題解決実践理論（TRIZ）の分野では、このメカニズムを説明している。ここでは喩えとして身近な事例を取り上げてメカニズムを見てみよう。大まかな目的を与えられ新しいプロジェクトを結成し、初めての仕事に着手したと仮定して、目的が達成されて

プロジェクトが解散するまでの状況をイメージしてみよう。導入期、成長期、成熟期、衰退期で発生する資源の構造と矛盾にかかわるメカニズムを読み取ることができる。

①導入期

　メンバーが集められ、目指すべき姿を確認し共有する。どのように目的を達成するかが計画されるが、状況に応じてたびたび変更される内容である。周囲の状況を把握するために、関係資料を調べたり、周囲から情報を聞いたりしながら探索を始める。この段階では、新しいプロジェクトが軌道にのるのか、それとも消滅してしまうのかは定かではない。うまくいけば、周囲に好意的な雰囲気を醸し出し、プロジェクトに入りたいと思う社員もでてくる。

〈ポイント〉

　　資源を集めている状態であり、資源は展開方向が定まっておらず、ビジネス・モデルも不安定である。集められた資源によって、目指すところが変化する余地を含んでいる。うまく環境に受け入れられるようならば、資源が集まりやすくなる。

②成長期

　仕事が順調に進み、どんどん拡大していく。拡大基調で人手も間に合わず、他からの応援も仰ぐ。試行錯誤を繰り返し、無駄な人の動きや時間の浪費も目立つ。費用の使い方も効率的ではなく、てんやわんやしながらも何とか使命を遂行していく。その中で、最もよい道筋を掴んでいかなければならない。しかし、拡大基調の中でも判断を間違うと、大きな痛手を被り、プロジェクトの将来に禍根を残すことにもなる。

〈ポイント〉

　とにかくミッションを達成するために、資源を多く集め、無駄な試行錯誤を繰り返しながら、定まらないビジネス・モデルの中で非効率なメカニズムが動いていく。ここでは多くの問題が発生するが、これは矛盾が生まれていることを意味している。矛盾を順次解消しながらモデルが進化する。最もよい成長の道筋を慎重に掴むことが肝要である。一方、道筋を読み間違えると、大きな痛手を被る可能性を孕んでいる。

③成熟期

拡大基調も一段落することで、仕事の進め方も確立される。無駄な人員、作業や時間の使い方が是正され、少ない費用で効率的で効果的な運営が可能となっている。人や時間、費用を最も効果的な仕事に振り向けることに細心の注意を払わなければならない。また、一方、さらなる成長が可能なのか、成熟したと見るかの判断が難しくなる。

〈ポイント〉

　ミッションは達成に近づき、最も少ない資源を最適に配置して無駄のないビジネス・モデルが形成されていく。これは、モデル内の矛盾が解消されてゼロに近づいていく状態である。その中で、さらに精度の高い資源配置が求められる。また、このままさらに成長すべきか否かの判断が求められる。

④衰退期〜①導入期

　プロジェクトの使命は達成され、仕事はこれ以上効率を高めることができないほど定型化されて、マンネリ化している。プロジェクトで育った人材は、その経験を携えてより高い目標に向けて巣立っ

ていく。

〈ポイント〉

　ミッションはほぼ達成され、ビジネス・モデルも進歩する余地がなくなった状態である。つまり、解決可能な矛盾がゼロになってしまった段階である。そのため、新たな資源を発見しつつ、より高いミッションへの挑戦によって進歩を目指す。これは、敢えて矛盾を自ら創り出すことを意味している。

　このように、①導入期は目的と資源の探索の段階である。②成長期は、定まった目的をかなえるために、発生する矛盾を順次解消しつつ、多くの資源を試しながら徐々に配置が決まる。③成熟期は、矛盾が収束し、目的を最少の資源で効率的に追求しつつある状態である。④衰退期は、最少最適の資源でビジネス・モデルが固まり進歩の余地がなくなるとともに、目的自体も達成されたことで魅力を失ってしまう。矛盾もほぼゼロに落ち着いてしまい、理想高度化を図り新たなミッションを目指すことでしか進歩が生まれてこない状態である。本書における理想性を高めるとは、さらに一歩「人類を幸福にする」ことを目指すことである。

4．フレキシブルSWOT

　戦略において重要な観点は、強みを活かすこと、および機会を活かすことである。それを実現するために、SWOT分析が行われる。SWOT分析では、競合他社と比較したうえで、自社の強み（Strengths）と弱み（Weaknesses）を明らかにし、外部環境からは機会（Opportunities）と脅威（Threats）を把握する。その結果、強みを活かして機会をものにするなどの戦略を組み立てていく。

ただし、強みや弱みは不変ではない。環境の変化によって強みが弱みに変わることもあり、また逆に、弱みが強みに変化することも起こりうる。特に、今日のように環境の変化が激しい中では、自社の強みや弱みが、どのような環境の前提のもとに成り立っているのかを常に認識しておかなければならない。また、ビジネス・モデルのライフサイクルの連続的で迅速な変化を常にリサーチし、戦略に随時反映させる必要もある。

　また、能力は技術や技能などの事実の組み合わせであり、その能力は環境条件の変化により、強みになったり弱みになったりして表面化する。ゆえに、このような構造を踏まえたSWOT分析が必要になってくる。たとえば、テレビの主要ユニットや、画像づくりのデバイス、完成品へと組み立てる技術が組み合わさって、一貫生産する能力が生まれる。

　しかし、グローバルビジネスにおいては、消費地の近くで集中生産を行う場合、為替の変動や消費地の成熟度合いの影響を受けやすい。生産地の通貨が安めに安定しており、成長市場である期間には、一貫生産は強みとして作用する。一方、生産地の通貨が高めに移行したり、市場が衰退傾向に入ったりする場合には、逆に弱みへと変わってしまう。

　このように強み・弱みの前提となる現在の条件が、変化するかどうかも検討しなければならない。もし、強み・弱みの前提となる環境条件が将来変化してしまうならば、将来において現在の強みは活かせないことになるかもしれない。その場合には、将来が想定できる環境のもとでの強み・弱みを把握することが必要となってくる。

　SWOT分析は、図表8-5のような構図として考え直すべきときにきている。ここでは、これを「フレキシブルSWOT」と呼ぶ。

　図表8-6は、ある金属メーカーが環境条件の変化によって強みと

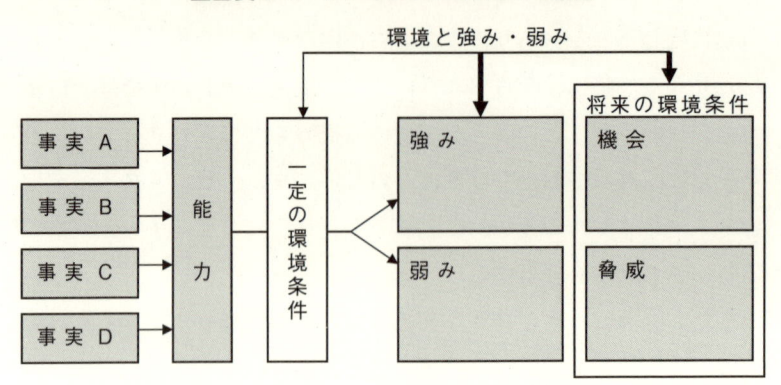

■図表8-5　フレキシブルSWOTの構造

弱みがどのように変化するかを示したものである。

　機会と脅威から、今後の市場動向を見てみよう。最初に現在の強みとして記述した「金属の複雑な加工構造体を一括納入できる」は、「顧客の完成品メーカーが一括ユニットの購入を推進中」という環境を前提としている。一方、弱みである「重量の大きい金属製品しか納入できない」は、「軽量な構造体の採用に前向きである」を前提にしている。しかし、変化が激しい今日において、将来の環境条件が「樹脂による一括ユニットの構造化が可能になりつつある」および「顧客の完成品メーカーが、軽量化のため樹脂による一括ユニットの構造体の採用を推進中」へと変化することで、現在の強みは弱みとなり、機会も脅威に変わる。

　このように、SWOT分析も前提となる環境条件とその変化を見極めたうえで作成しないと、大きな判断ミスを引き起こすことになる。

● 第8章 ● ビジネス・モデルの構築と学習

■図表8-6　フレキシブルSWOTの記述例

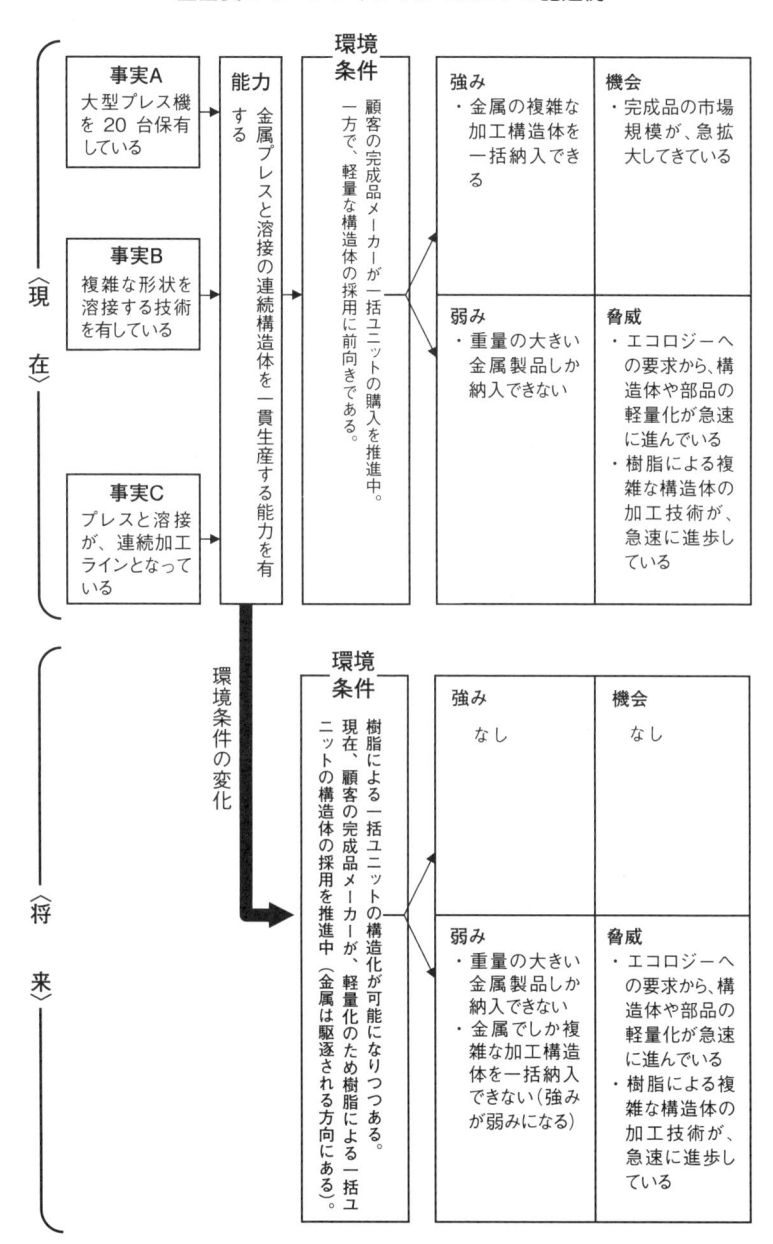

〈現在〉

事実A
大型プレス機を20台保有している

事実B
複雑な形状を溶接する技術を有している

事実C
プレスと溶接が、連続加工ラインとなっている

能力する
金属プレスと溶接の連続構造体を一貫生産する能力を有

環境条件
顧客の完成品メーカーが一括ユニットの購入を推進中。一方で、軽量な構造体の採用に前向きである。

強み
・金属の複雑な加工構造体を一括納入できる

機会
・完成品の市場規模が、急拡大してきている

弱み
・重量の大きい金属製品しか納入できない

脅威
・エコロジーへの要求から、構造体や部品の軽量化が急速に進んでいる
・樹脂による複雑な構造体の加工技術が、急速に進歩している

環境条件の変化

〈将来〉

環境条件
樹脂による一括ユニットの構造化が可能になりつつある。現在、顧客の完成品メーカーが、軽量化のため樹脂による一括ユニットの構造体の採用を推進中（金属は駆逐される方向にある）。

強み
なし

機会
なし

弱み
・重量の大きい金属製品しか納入できない
・金属でしか複雑な加工構造体を一括納入できない（強みが弱みになる）

脅威
・エコロジーへの要求から、構造体や部品の軽量化が急速に進んでいる
・樹脂による複雑な構造体の加工技術が、急速に進歩している

173

第3節 ビジネス・モデルの完成

1．戦略性の付与

　ビジネス・モデルは、「機能モデル」をもとに「時系列モデル」と「具体化モデル」を構築することで完成する。

　その際に、第7章で設計した「機能モデル」に第2節で説明した各種フレームワークを活用して戦略性を付与することで、より強力なモデルを形成していくことができる。

■図表8-7　ビジネス・モデルの構築の考え方

```
┌─────────────────────┐   戦略性の付与
│  第7章で作成した    │ ← ①ネットワーク内外の競争バランスから
│  機能モデル         │   ②ミッション・モデル・マトリクスから
│                     │   ③ビジネス・モデルのライフサイクルから
└─────────────────────┘   ④フレキシブルSWOTから
         │
    ┌────┴────┐
    ↓         ↓
時系列化      キャスト化
価値提供のためのオペレーション    実在する人・組織の巻き込み
    ↓         ↓
時系列モデルの構築   具体化モデルの構築
```

2．戦略を実現するための機能

　第7章で作成した「機能モデル」に戦略性を付与していく。ネットワークの状況や競争におけるポジションに応じて、創意工夫し、

戦略的な機能を明らかにして、修正や追加を進める。以下に示す項目とガイドラインからポジションを判断するとともに、それぞれの状況に応じた具体的な戦略を導き出す。

①ネットワーク内外の競争バランスから
　◎第1象限：完全競争優位
　　・参入障壁を築くことなどにより、ネットワークの他への優位性を確保し高めるための機能
　　・ネットワークを、さらに高いミッションへ移行するために必要な機能
　◎第2象限：外部競争優位（内部競争劣位）
　　・完全競争優位に求められる機能に加えて、ネットワーク内における自社のポジションを競争優位へと高めるための機能
　◎第3象限：内部競争優位（外部競争劣位）
　　・競争優位にある他のネットワークを攻略するための機能
　　・ネットワーク内部を強化するための機能（VRIO分析の活用）
　◎第4象限：完全競争劣位
　　・最小のコストで撤退を準備し遂行する機能

②ミッション・モデル・マトリクスから
　◎ネットワーク強化の象限
　　・他のネットワークのシェアを奪取する機能
　　・潜在顧客を顕在化する機能
　　・顧客の潜在需要を増大させる機能
　　・ネットワーク内部を強化するための機能
　◎モデル進化の象限
　　・環境変化を先導するための機能

◎理想高度化の象限
・ミッションのレベルを高くした場合に、必要とされる機能
◎理想進化モデルの象限
・ミッションのレベルを高くし、環境変化を先導する機能

③ビジネス・モデルのライフサイクルから
◎導入期
・探索機能と基礎固めのためのネットワーク内の機能
◎成長期
・事業の成長の方向性を的確に選択する機能
・資源を広く調達し拡大を可能にする機能
・ネットワーク内に発生する矛盾を解消する機能
◎成熟期
・高い生産性を保つべく資源の使途を厳密に判断する機能
◎衰退期
・収穫のために利益率を最大化する機能
・他ネットワークより先行して次期ミッションへと移行するための機能

④フレキシブルSWOTから
・独自性の高い事実を特定し、能力を構成する機能
・能力を活かす環境を創り出す機能
・強みを活かして機会をものにするための機能
・強みを活かして脅威を消し去るための機能
・弱みを克服して機会をものにするための機能

3. 機能モデルへの戦略性の付与

　たとえば、ネットワーク内外の競争バランスにおいて自社が「完全競争優位」のポジションに存在し、参入障壁を構築したいとするならば、顧客が他のネットワークへ移動しにくくするような機能を付与することが有効である。これはロックインなどと呼ばれ、マイレージなどのポイント制などによく見られる例である。また、顧客内部で発生する業務を顧客の企業体質に合わせて取り込んでしまうことも有効であろう。図表7-12のヤマト運輸の例における「機能モデル設計」で紹介すると、顧客企業が発送する書類の作成と入出庫管理までをヤマト運輸で取り込むことなどが考えられる。

　また、ミッション・モデル・マトリクスにおいて、自社がネットワーク強化の象限において地位の強化を図ろうとし、顧客の潜在需要を増大させたい場合には、運送の頻度を上げるために、外出する際の手荷物まで安価で手軽に安心して目的地に届けるサービスがあれば実現させることができるだろう。

　ビジネス・モデルのライフサイクルで自社のポジションが成長期にあり、事業の成長の方向性を的確に定めようとするならば、ネットワークの成長の源泉の発掘と市場創造機能を活動の中に埋め込む必要が生まれる。たとえば、図表7-12では、セールスドライバーとカスタマイズしたWeb画面、さらに協働している流通業の活動を結びつけて、多面的に新たな市場創造に向けた機能を付加するなどが考えられる。

　フレキシブルSWOTからは、それまでの機能モデルに記述されていない、新たな事実と能力を付加して強みへと活かすモデルづくりを考案するなどを検討すべきである。図表7-12では、共同配送による、他社の荷物との同時集配送などといった新たな可能性を見い

4. 時系列モデル

(1) バリューチェイン

競争の基本戦略である、コスト・リーダーシップと差別化のための源泉を理解するために、M.E.ポーターは、バリューチェイン（価値連鎖）を提唱した（図表8-8）。バリューチェインは、会社を戦略的に重要な活動に分解する概念であり、その会社の属する業界、歴史、戦略により異なる。そして同業者における競争優位は、バリューチェインの違いによって決まることが多い。

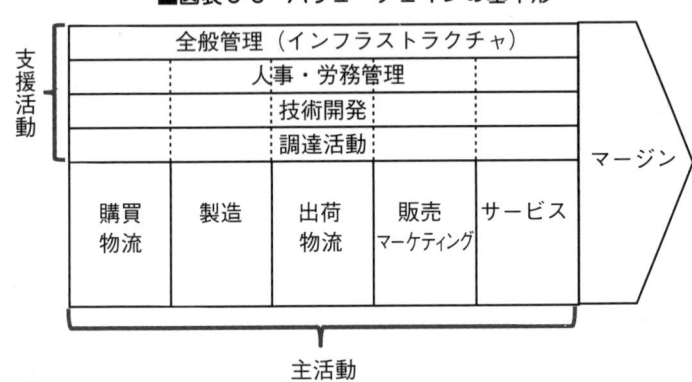

■図表8-8　バリューチェインの基本形

支援活動	全般管理（インフラストラクチャ）					マージン
	人事・労務管理					
	技術開発					
	調達活動					
	購買物流	製造	出荷物流	販売マーケティング	サービス	

主活動

出所：M.E.ポーター著／土岐坤他訳（1985）

(2) 時系列モデルの作成

創造型マーケティングでは、実務に対応するために、バリューチェインの考え方を参考にして、ビジネス・モデルの全体をオペレーションの部分までを具体的に手順化した時系列モデルを部分に

分けて作成する。ネットワーク型社会では複線的、かつ動態的な構造としてビジネス・モデルをとらえる必要がある。そのために、時系列モデルにより、価値がどのような具体的なプロセスを経て形成されるのかをこの段階で検証することも重要である。

　機能モデルは意図を表し、目的と手段の連鎖で形成されており、時系列モデルの背景となる構造を示すものである。時系列モデルは、その結果として、貢献対象への価値提供に向けて直接かかわる機能を時系列化したものである。

　時系列モデルでは、顧客に対して、製品の提供、サービスの提供、コールセンターの対応、Webサイトやメールでの情報提供などの複数のアクセスルートをもつ。

〔事例研究〕

　業務プロセスの構造を表現するためにも、ビジネス・モデルにおけるオペレーションの流れを、時系列モデルで記述するとよい。オペレーションの実施に際しては、現場の人の動きを時系列で表したほうが理解は容易だからである。図表8-9にヤマト運輸の時系列モデルの一部を示す。

　時系列モデルにおいては、自社内で担う機能と他社が担う機能が生ずる。内外作の選択と協働を行う組織の選択が、どのようなビジネス・モデルとなるかを左右する。

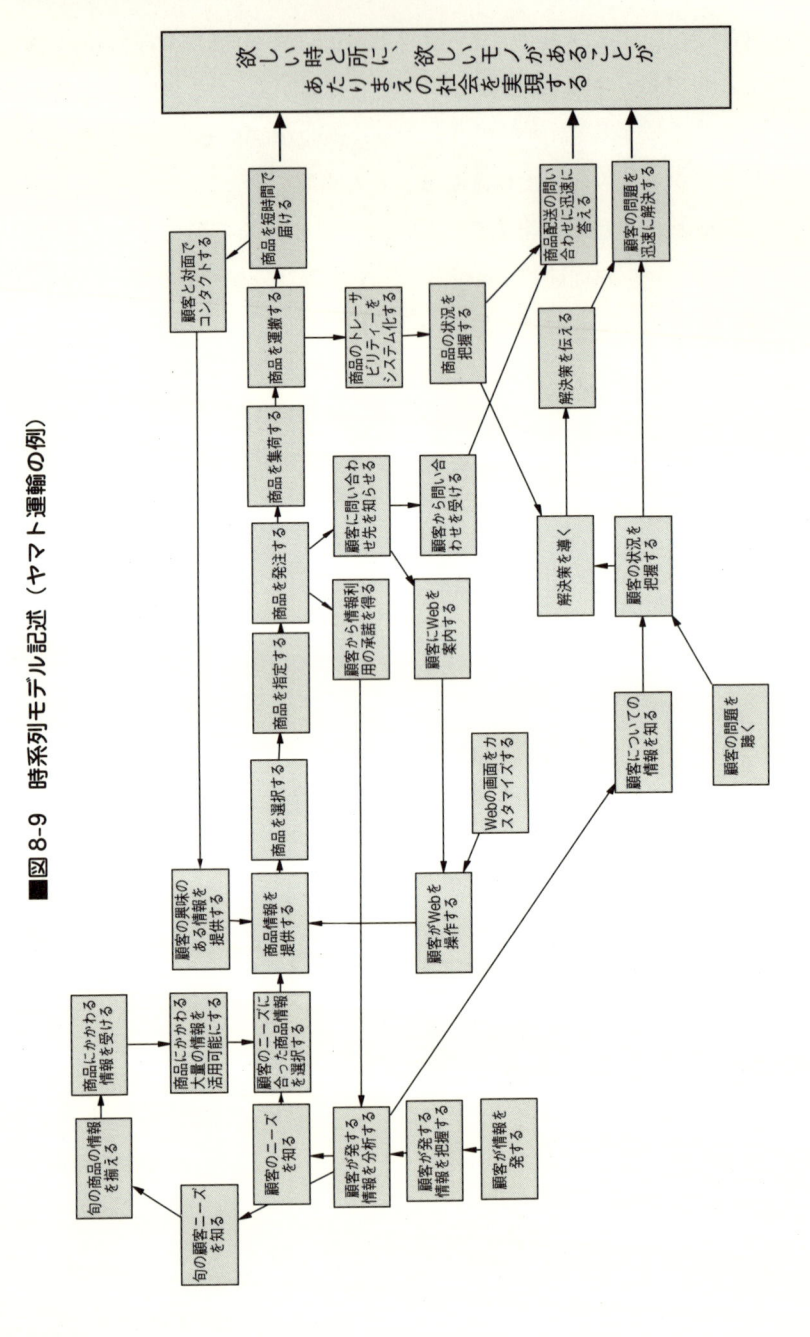

●第Ⅱ部●創造型マーケティングの考え方と進め方

■図8-9　時系列モデル記述（ヤマト運輸の例）

5. 具体化モデル

(1) 機能を担う人・組織の列挙

具体化モデルとは、機能モデルや時系列モデルに示された機能をどの個人や組織が現実に担うかを定めたモデルである。

作成手順は、まず機能モデルから、具体化モデルをつくりだすのに必要な機能を担うことができる具体的な人・組織の候補の固有名詞で挙げていく。また、時系列モデルからも価値を創り出し提供す

■図表8-10　人・組織候補を挙げるために

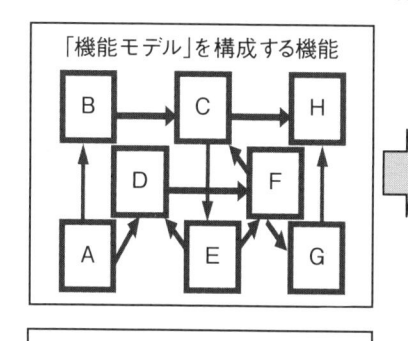

機能	機能を担う人・組織候補
A	○○産業　▽△工業
B	□□システム、　○△氏
C	▽△住宅、○○ホーム、□□
D	○△自工、△○自動車
E	自社○○部門、○△ソフト
F	□□産業
G	▽△株式会社、　行政
H	○△氏、ＮＧＯ

「戦略」を実現する機能
①ネットワーク内外の競争バランスからの機能
②ミッション・モデル・マトリクスからの機能
③ビジネス・モデルのライフサイクルからの機能
④フレキシブルＳＷＯＴからの機能

1	○△商工、□□システム
2	ＮＰＯ
3	○△ソフトハウ、△○チェーン
4	△○チェーン
5	▽△工業、□□工業
6	△○自動車、△○重工

ア	○△団体
イ	▽△株式会社、△○△ソフト
ウ	ボランティア団体、行政
エ	□□△システム
オ	□□産業、○○大学
カ	○○コンビニ、△○チェーン
キ	ＮＰＯ
ク	▽△病院、□△病院

■図表8-11　人・組織候補の機能例

機能を担う人・組織候補	人・組織候補の特長
A情報配信企業	Webサイトにおける最大の集客数を誇る、M&Aによる拡大が得意
B情報配信企業	多くの娯楽産業やマスコミとのネットワークを築くことで、多様な情報を配信できる
C住宅会社	シェアNo.1か2を競っており、大手企業グループの一翼を担う
D住宅会社	シェアNo.1か2を競っており、環境対応で一歩先んじている
E住宅会社	自動車メーカー系の企業で、技術面で強いバックアップを受けている
F流通業	マーケティングに強みがあり、若者の層から支持者を獲得している
G流通業	海外での原材料調達から生産子会社をもちPBに強い
H販売会社	首都圏のオフィスに強力な販売網をもつが、地方とパーソナルユースに弱い

ることができる人・組織の候補を固有名詞で挙げていく。

さらに、戦略性から導き出された機能を記述し、それを担うことができる人・組織の候補を固有名詞で挙げていく。そして、挙がった固有の人・組織の独自性や、特徴などを調査し明らかにする。

(2) コミュニケーションと交渉を検討する

具体化モデルの構築には、機能を果たす人・組織を決定したうえで、コミュニケーションとして以下の流れを明確にする必要がある。
・モノの流れ（物流）
・お金の流れ（商流・契約）
・情報の流れ（情報流通）

さらに、人の動きを明確にしておいたほうがよい場合もある。そして、交渉力などの力関係を把握することも重要である。関係を設計するためには、ブランド力を含めた経営資源の質や量、キャスティングボードを握るポジションの有無などを検討する。そして関係を実現するためには、交渉する順番や交渉の際に駆け引きとなる

材料の準備も必要になる。

　機能モデルから各機能を、誰（人と組織）が、いつ、どこで、何を、どのような方法で、どのような役割を果たすか、というように変換していく。また、人と組織間のコミュニケーションや関係を矢印で表し、モノの流れ、情報の流れ、お金の流れ、場合によっては人の動きを記述していく。さらに、人と組織がどのような要望や不満、パワーをもっているのかを、噴出しなどで記述すると生き生きとした関係を表現することができる。

■図表8-12　具体化モデルの記述方法

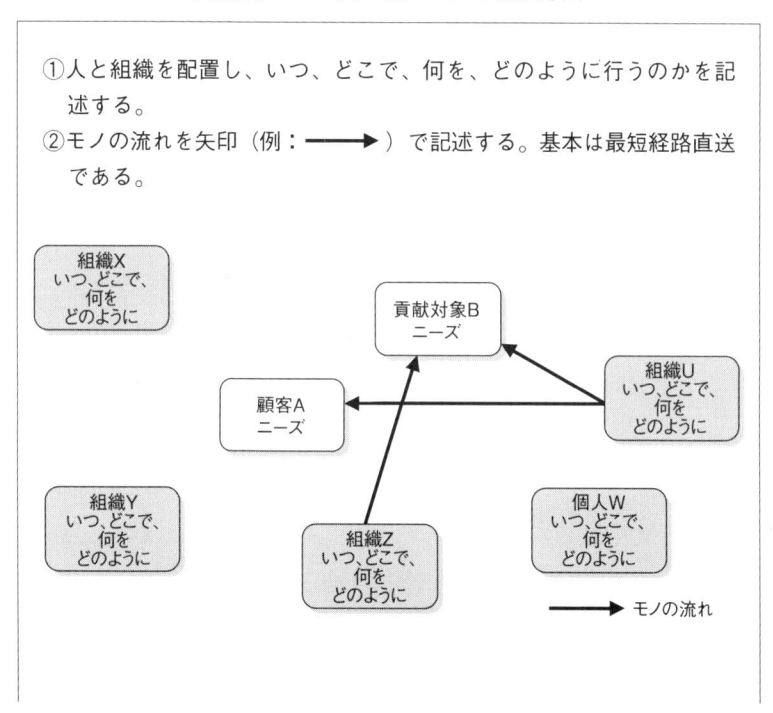

①人と組織を配置し、いつ、どこで、何を、どのように行うのかを記述する。
②モノの流れを矢印（例：──▶）で記述する。基本は最短経路直送である。

```
組織X                    貢献対象B
いつ、どこで、              ニーズ
何を
どのように
                                          組織U
             顧客A                         いつ、どこで、
             ニーズ ◀─────────             何を
                                          どのように

組織Y                    組織Z            個人W
いつ、どこで、              いつ、どこで、      いつ、どこで、
何を                     何を             何を
どのように                 どのように         どのように

                                    ──▶ モノの流れ
```

●第Ⅱ部●創造型マーケティングの考え方と進め方

③情報の流れを矢印（例：------▶）で記述し、情報の内容を付記する。情報については、自社が全体をコントロールできるようにすることで、イニシアチブがとりやすくなる。

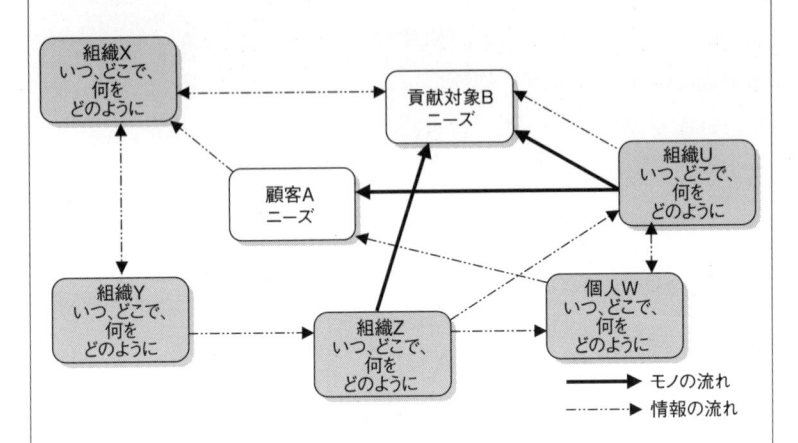

［図：モノの流れ／情報の流れ］

④お金の流れを矢印（例：－－▶）で記述し、費目と想定金額を付記する。この際、人・組織へのお金のインプット、アウトプット、および人・組織内のイニシャルコスト、ランニングコストも想定し、利益も算定する。

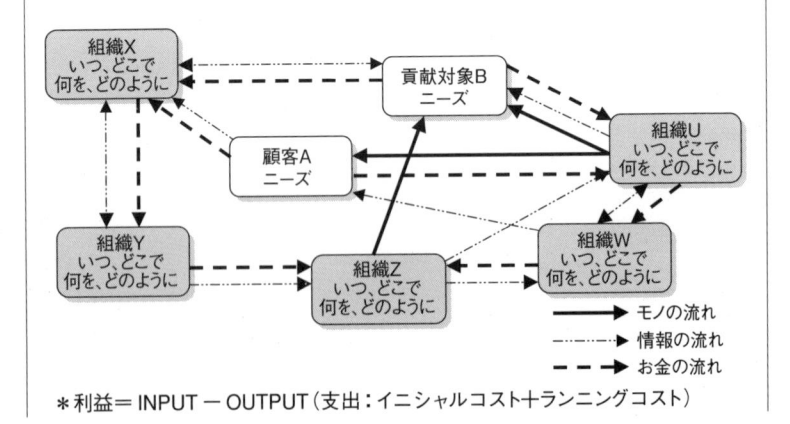

［図：モノの流れ／情報の流れ／お金の流れ］

＊利益＝ INPUT － OUTPUT（支出：イニシャルコスト＋ランニングコスト）

⑤人・組織の要望や不満、戦略にまつわる考えなどを噴出しで記述する。

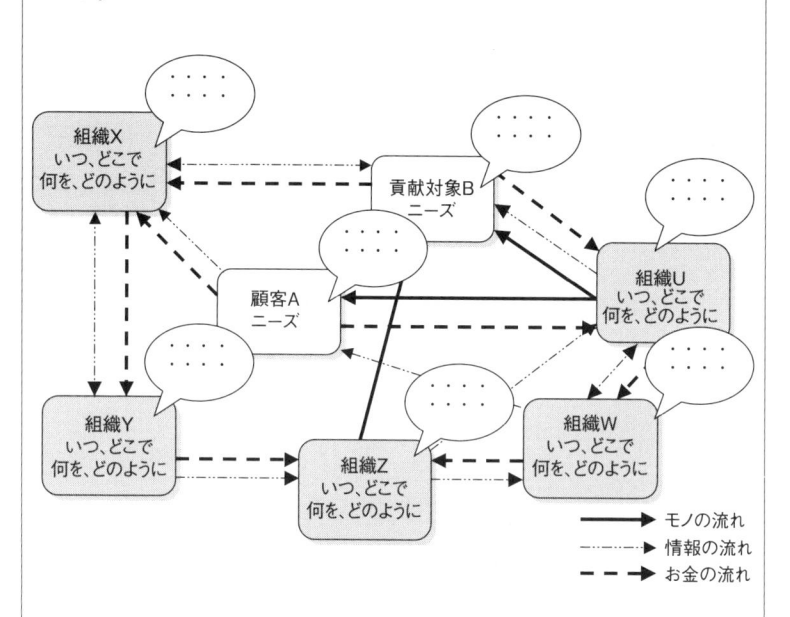

```
                ･･･                ･･･
       組織X                  貢献対象B           ･･･
    いつ、どこで               ニーズ
   何を、どのように         ･･･                    組織U
                   顧客A                     いつ、どこで
                   ニーズ                   何を、どのように
         ･･･                    ･･･
       組織Y                  組織Z                組織W
    いつ、どこで            いつ、どこで         いつ、どこで
   何を、どのように       何を、どのように      何を、どのように

                                    ――――▶ モノの流れ
                                    ‑‑‑‑‑‑▶ 情報の流れ
                                    ‑ ‑ ‑ ▶ お金の流れ
```

⑥利益を配分する

　お金の流れについては、顧客からの利益の取り分を設計することが重要となる。この際に、お金の流れのみを取り出し、各組織のVRIO分析を行って利益の配分率を戦略的に設計する。その際、VRIO分析はネットワーク内外について検討し、利益をどの人・組織にどの程度配分すべきかを想定する。提供する価値や、希少性、模倣のしにくさ、組織能力の強さに優れた人・組織ほど、得る利益が多くなる。

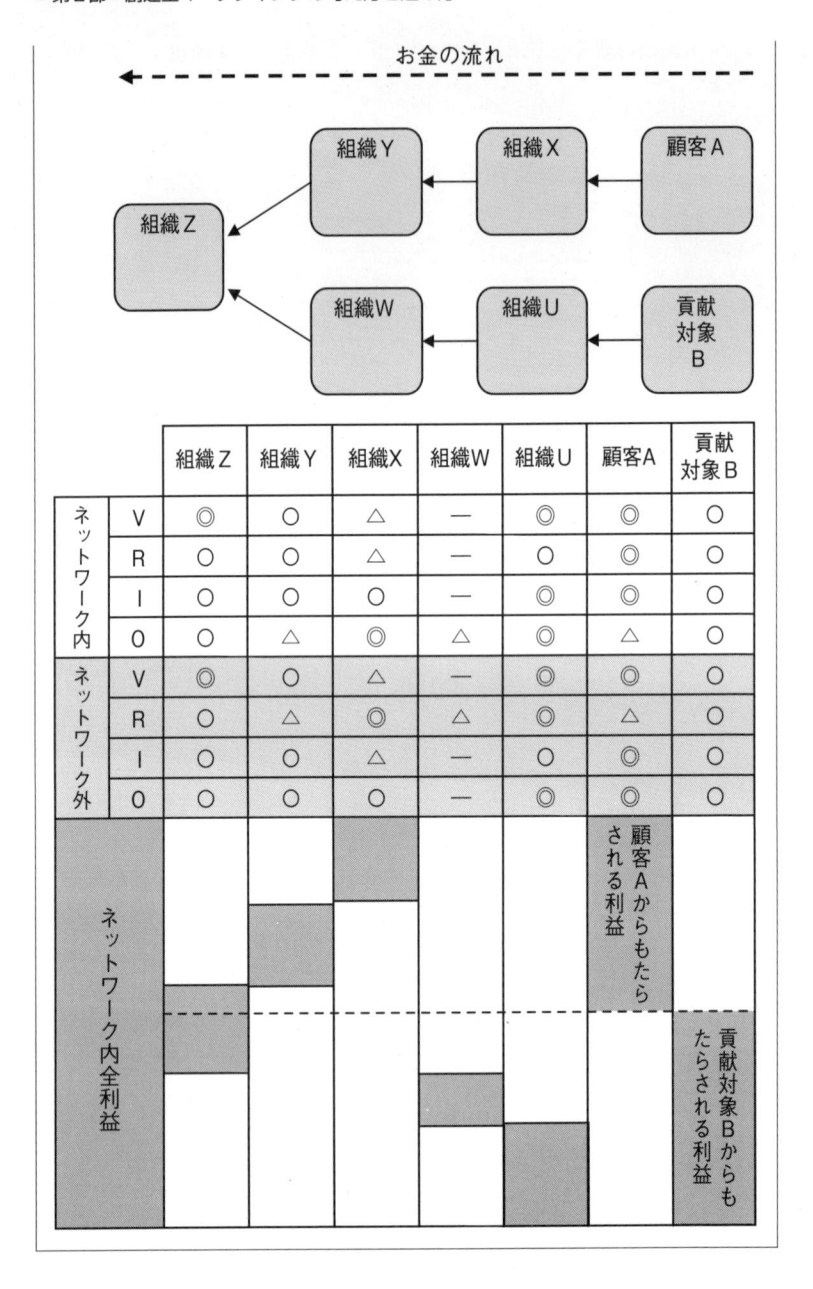

●第Ⅱ部● 創造型マーケティングの考え方と進め方

お金の流れ ←-------

		組織Z	組織Y	組織X	組織W	組織U	顧客A	貢献対象B
ネットワーク内	V	◎	○	△	―	◎	◎	○
	R	○	○	△	―	○	◎	○
	I	○	○	○	―	○	◎	○
	O	○	△	◎	△	◎	△	○
ネットワーク外	V	◎	○	△	―	◎	◎	○
	R	○	△	◎	△	◎	△	○
	I	○	○	△	―	○	◎	○
	O	○	○	○	―	◎	◎	○

ネットワーク内全利益 / 顧客Aからもたらされる利益 / 貢献対象Bからもたらされる利益

6．3つのモデルをフィードバックさせて完成度を高める

　創造型マーケティングにおける3つのモデル（機能モデル、時系列モデル、そして具体化モデル）が概ね完成したら、モデル間のフィードバックを通じて完成度を高めていく。フィードバックにより、それぞれのモデルは変化することもある。たとえば、時系列モデルを検討している最中に、それまで気づかなかった価値提供の機会を発見することがある。また、具体化モデルにおいてキャスト化を進める際に、実際に協働することになった個人や組織が、想定以外の独自の能力をもっていることもある。その場合には、そのような能力をより活かせるように機能モデルを再設定することになる。

　このようにして、より競争力の高いビジネス・モデルの完成を目指す。それと同時に、どのような商品企画を進めるかについて明らかにしていく。

　第4節では、商品企画の考え方について、顧客との協働によるものと、そうでないものに分けて紹介する。

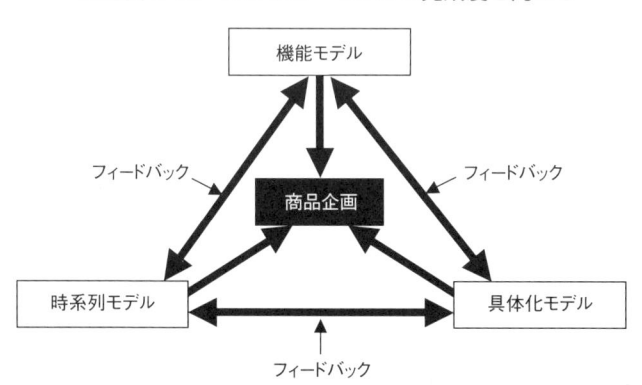

■図表8-13　ビジネス・モデルの完成度を高める

第4節 商品企画

「人類の幸福」を究極の理想とする、社会創り志向において、商品とは理想と現状のギャップを埋めるための手段としての価値を具現化したものである。

1. 顧客との協働による商品企画

商品企画の考え方は、第4章第2節第6項「商品企画の考え方」で示した。顧客との協働による商品企画では、インタラクティブなやりとりを通じて、ミッション、ビジョンをともに創り、その中でストーリーが描かれていく。これまでのマーケティングは顧客のニーズを把握し、それに応えようとする活動であった。創造型マーケティングは、貢献対象とともにビジョンを創り、ビジネス・モデルを形成し、商品の提供と消費を通じてビジョンを実現する活動である。

顧客は購買可能性の主役であるとともに、価値を提供するビジネス・モデルにおいては協働する存在でもある。前述の通り、創造型マーケティングは、「顧客による顧客のための購買および社会活動を支援するもの」と表現することができる。

この際、生産財を扱う企業では、研究開発や商品企画から協働を進めることが多いが、どの顧客と協働関係を結ぶかが最も重要な課題となる。協働関係を結ぶ顧客のVRIO分析を行い、自社の能力を考慮して慎重に選択しなければならない。自動車産業の場合、完成車メーカーと燃料電池メーカーの協働関係のあり方が両者の今後の

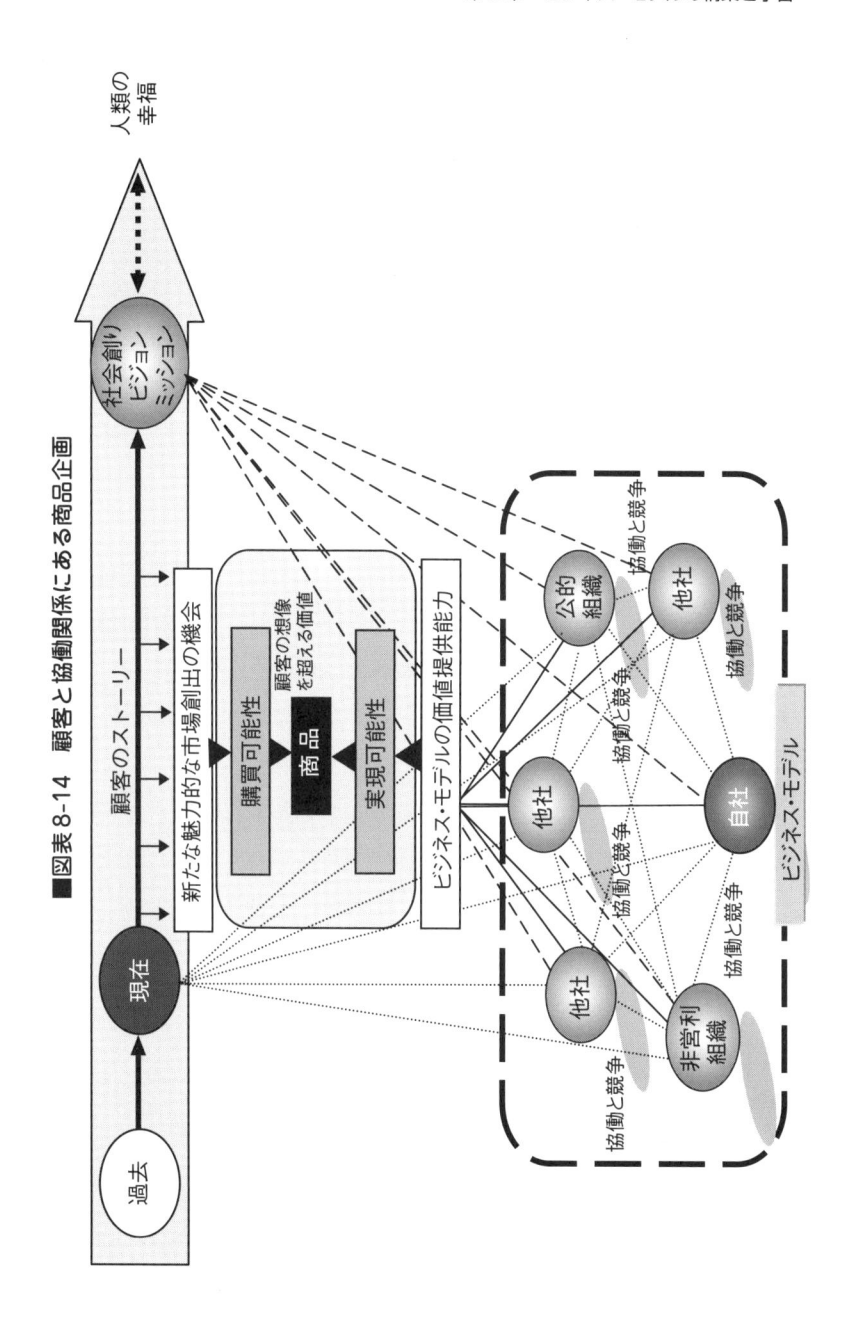

● 第8章 ● ビジネス・モデルの構築と学習

■図表 8-14　顧客と協働関係にある商品企画

成長に大きな影響を及ぼすことになるであろう。

　消費財を扱う企業では、現実にはリーダーシップをとるオピニオンリーダーと協働を行い、他の顧客がそれに共感することにより需要が拡大するケースが多い。

　顧客と協働する商品企画では、図表8-14のように、購買可能性と実現可能性が相互にリンクし、かつ将来的に同じ方向を目指す、という安定した全体構造を確立することができる。これにより、創造型マーケティングにおける新商品の成功確度が高まることになる。

2．顧客と協働関係をもたない商品企画

　顧客と協働関係をもたない場合には、ビジネス・モデルにおいて独自に創造したミッション、ビジョンを顧客にアピールし、共感を得る努力が必要となる。この際、顧客との窓口を担当する人・組織が顧客との双方向のコミュニケーションを通じたり、あるいは購買状況からフィードバックを得ることになる（図表8-15）。

　ここで、必要になるのが学習である。さまざまなトライ＆エラーを通じて学習し、顧客の共感を得る確度を高めたうえで、商品を本格的に普及させていくことになる。この際に、トライ＆エラーを通じて学習を効果的・効率的に進め、早期に確度を高める能力が商品の存亡を分ける。

3．現実的な対応

　「人類の幸福」を究極の理想とするストーリーづくりが、紆余曲折なく進むなどということは考えられない。個人の心情や社会には、うらみ、つらみ、ねたみがなくならない。悪徳とされる行為もなく

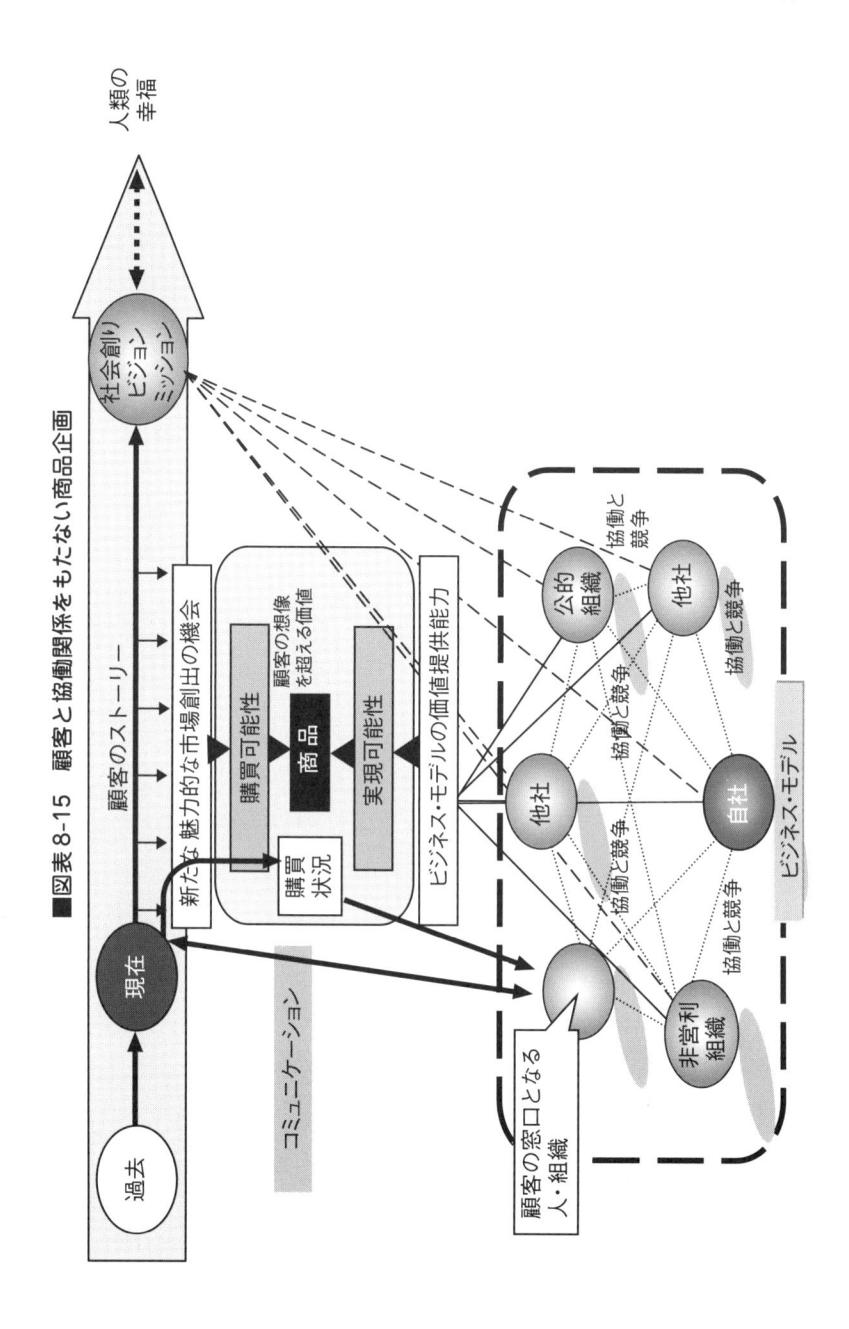

●第８章●ビジネス・モデルの構築と学習

■図表8-15　顧客と協働関係をもたない商品企画

191

なるとは考え難い。さらに、「継続的な人類の幸福」と考えた取り組みですら、相反する結果になるかもしれない。昔のことではあるが、アメリカにおける禁酒法は奇しくも逆に裏の社会の発展を招いてしまった。

現実的には、過ちと思われることを迅速に反省し、学習を続けなければならない。創造型マーケティングでは、学習すべきプロセスが随所に存在するのである。

第5節 学 習

1．学習の機会

これまでに、個人、チーム、組織、他組織との協働のレベルで、意思決定がなされ、貢献対象の反応により成果が明らかになってきた。それぞれの目標と成果の差異が、すべて学習の対象となる。

個人のマインドづくりに関する学習については、第5章で述べた。ここでは、マーケティング活動にかかわる学習について述べる。

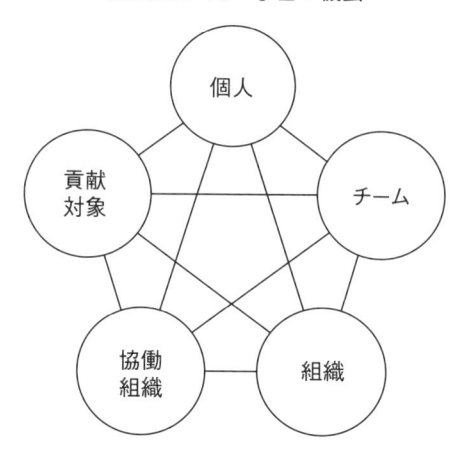

■図表8-16　学習の機会

2．組織学習を行ううえでの留意点

組織学習の目的は、組織の構成員が習得した知識やスキル（情報）

を共有化するとともに、創発を起こすことによって、知識やスキルをさらに優れたものに進化させ、組織全体の能力を高めることにある。しかし、個人が新しい知識やスキルを習得しても、個人に情報や共有化するメリットがなければ、共有化は進まない。定型的な業務の効率化であれば、ある程度トップダウンによる命令も効果はある。だが、新しい価値を創造するための情報の共有は、トップダウンのみによって効果を見いだすことは難しい。

そこで思い出していただきたいのは、欲求段階説である。人間は本来他人とうまくやっていきたい（＝社会的欲求）、他人から認められたい（＝自我欲求）という欲求をもっている。そのため、情報公開をした人が評価・賞賛される仕組みが整っていれば、情報の公開は進みやすくなる。また人間は本来創造的な生き物であり、常に創造意欲をもっている。そのため、創造の目的ともいえるミッションを再確認（または再設定）することで、積極的に公開する人が増えるであろう。

ただし、組織学習によって、次のような逆効果を生むこともあるので留意する必要がある。

①成功・失敗体験についての過剰意識

ある商品が大きな成功を収めると、その成功体験に固執するあまり、新しい戦略や思考がでてこなくなることが多い。特に自社の成功商品のコンセプトを否定するような競合商品が顧客から支持された場合、冷静な判断ができなくなることが多い。たとえば、キリンはかつてラガービールで60％以上のシェアを獲得していた。しかし、アサヒビールがスーパードライを発売し、徐々にシェアが上がっていた際に、キリンは市場動向を冷静に判断することができず、やがてシェアを逆転されてしまう。

また、反対に、ある商品で失敗した場合、そのことが組織の構成員にトラウマとして浸透し、同じような企画を避けることがある。環境条件が変われば、かつての失敗であっても成功することが十分にありえるが、成功の場合と同様に、組織全体が冷静に判断することができなくなってしまう。

②同質化

創発を促進するためには、本来、異質な個人や組織が多数いることが望ましいが、協働によって同質化してしまうこともある。特に組織の構成員に影響力の大きい人がいる場合、その人から意識的もしくは無意識的な同調圧力がかかることが多い。たとえば、ワンマン社長（リーダー）がいる場合、その組織の構成員は社長の思考や価値観に合わせた言動をする傾向が強い。そして「場を読む」ことは社長のご機嫌をとることになってしまう。

よって、協働と創発をうまく進めるために組織を構成するメンバーは本音が言える関係であることと、参加する個人や組織の入れ替えが必要に応じてできることである。

3．学習上の留意点への対応

上述のように、過剰意識や同質化などの組織内に生まれる意識・認識の偏りを解消するために、ビジネス・ダイアグラム（BD）を有効に用いることができる。ここまで、創造型マーケティングではBDを用いて経営環境や機能モデルを記述する方法を用いてきた。これは、ビジネスを「論理的なシステム」としてとらえることを意味し、「見える化」を図ることにほかならない。

関係メンバーが協働してBDを作成するなり、一緒に見ながら検

討を行うことで、自然に〔手段－目的〕、〔結果－原因〕そして事実を追求するという論理的な議論を進めることができるようになる。それにより、本音を語り合う場が生まれる。

BDは、マクロ環境やビジネス・モデルのみならず、職場の状況や人間関係、さらには生産工程や商品の構造までを同様な手法で描くことができる。個人のマインドづくりからマーケティングの全体像まで、関係するメンバーがBDというフォーマットを前に、各自の認識をぶつけ合い意思決定を行うことで、議論以前の認識と以後の認識のギャップから多くのことを学ぶことができるようになる。

また、前述の『ソフト・システムズ方法論』の中でP. チェックランドは、図表8-17を示して「世界というものは、究極的には、知覚された世界それ自身から発している観念を使って、絶え間なく解釈されている」と述べ、また、「知覚した現実のもっともらしい記述を、知覚したそのものと混同している」と言っている。

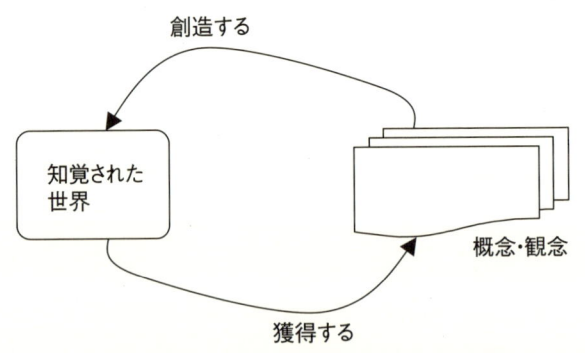

■図表8-17　知覚された世界と概念・観念

出所：P. チェックランド、J. スクールズ著／妹尾堅一郎監訳（1994）一部改変

ここでは、このような考え方を用いて、現実と頭の中の概念や観念として描かれたモデルとの比較を行うことで、学習を進める。そ

の結果として、社会や顧客の想像を超えて共感を呼ぶ確度を高めていくことができる。

創造型マーケティングでは、次のようなものが形成されてきた。
●概念・観念
　A．現状のビジネスを機能モデルとして記述
　B．将来に繋がる土台となる部分モデルの切り取り
　C．部分モデルの機能の目的を高めてミッションを設定
　D．ミッションを展開してビジョンを設定
　E．ビジョンから機能を整理して、将来の機能モデルを設定
　F．戦略的視点を加え、協働を進めながら具体化モデルを設定
　G．現状の機能モデルから将来の機能モデルへの移行による変化の中で商品構想化

●現実の状況に存在し、起こりうること
　ア．現状のビジネス洞察
　イ．ビジネス・モデル構築過程での顧客を含む協働相手の反応
　ウ．商品の購買状況

図表8-18は、①から⑦までの中で、概念・観念と現実の間で生じた乖離について見るべき点である。ここが学習機会となる。上述の内容を踏まえて、各機会でそれぞれの視点を用いて学習を進める。

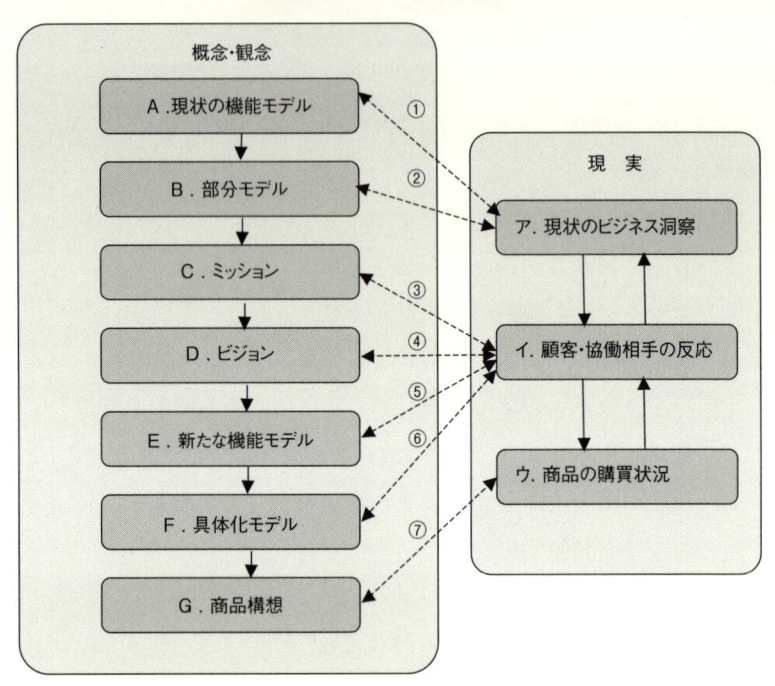

■図表8-18　学習の機会

```
概念・観念
  A. 現状の機能モデル ──①──┐
  B. 部分モデル      ←─②──┤   現実
  C. ミッション       ──③──┤   ア. 現状のビジネス洞察
  D. ビジョン        ←─④──┤   イ. 顧客・協働相手の反応
  E. 新たな機能モデル  ←─⑤──┤   ウ. 商品の購買状況
                    ──⑥──┤
  F. 具体化モデル     ──⑦──┘
  G. 商品構想
```

4. 各学習機会での視点

　ここまでのプロセスを振り返りながら、学習の機会を見ていこう。なお、すべての機会について、以下の自問自答を行う必要がある。
・なぜ、知らなかったり、理解の仕方が違ったりしたのだろうか。
・自分に思い込みはなかったか？それはどのような思い込みだったのか？それはなぜ生まれたのか。
・組織のほうに思い込みはなかったのか？それはどのような思い込みだったのか？それはなぜ生まれたのか。

① [A．現状の機能モデル] ⇔ [ア．現状のビジネス洞察]

　ここでは、「組織で現状を洞察してコンセンサスが得られた機能モデル」と「個人で現状を洞察して個人で描いた機能モデル」はどこが異なるのかを検討する。

- 自社のビジネス・モデルの全体構造を理解していただろうか。
- 自社の目指すところを理解していただろうか。
- 自社の目指すところと、全体構造の関係を理解していただろうか。
- 自社の成長の源泉を理解していただろうか。
- 自社の成長の源泉を目指すところと、結びつける仕組みを理解していただろうか。
- 個々の機能を知っていただろうか。正しく理解していただろうか。

② [Ｂ．部分モデル] ⇔ [ア．現状のビジネス洞察]

　ここでは、「組織で現状を洞察してコンセンサスが得られた部分モデル」と「個人で現状を洞察して個人で描いた機能モデル」はどこが異なるのかを検討する。

- 成長の源泉を理解し、選択しただろうか。
- 今後成長が期待できる事業を理解し、選択しただろうか。
- 経営理念に繋がる領域を、見極めることができただろうか。
- 成長の源泉から経営理念に繋がる、不動の軸を理解し、将来に繋がるアイデンティティを知ったうえで選択しただろうか。
- 多くのシナジーがある機能を見極め、選択しただろうか。
- 自社の将来の競争戦略を理解し、その競争戦略を遂行するために有効な機能を選択しただろうか。

- 経営理念の実現と成長の源泉に有効に作用する機能別戦略を選択しただろうか。
- ビジネス・モデルを成長に導く矛盾を見極め、その領域を選択しただろうか。

③ [C．ミッション] ◄──► [イ．顧客・協働相手の反応]

ここでは、「自社で定めたミッション」に対する「顧客・協働相手の反応」はどのような認識の差異に起因するかを検討する。
- 自社は、顧客・協働相手の目指すところ、成長の源泉を十分に理解していただろうか。
- 顧客・協働相手は、自社の目指すところ、成長の源泉を理解していただろうか。
- 自社自身の現状のポジショニングの理解は、顧客・協働相手の理解と大きく異なっていなかっただろうか。
- 自社が理解している顧客・協働相手の現状のポジショニングは、顧客・協働相手自身の理解と大きく異なっていなかっただろうか。
- 自社の設定したミッションは、自社の資源収集力に比べて過大または過小ではないだろうか。同様に、顧客・協働相手の設定したミッションは、過大または過小ではないだろうか。

④ [D．ビジョン] ◄──► [イ．顧客・協働相手の反応]

ここでは、「自社で定めたビジョン」に対する「顧客・協働相手の反応」はどのような認識の差異に起因するかを検討する。
- 自社と顧客・協働相手でミッションの意味を取り違えていな

かっただろうか。
・貢献対象が誰かについての認識が、一致していただろうか。
・貢献対象とその置かれている環境についての理解が、異なっていなかっただろうか。
・不利益を得るかもしれない対象を想定していただろうか、それは誰か、対象の置かれた環境などの理解は一致していただろか。
・ビジョンの達成期間や達成レベルについてイメージが異なっていなかっただろうか。
・ミッションをどのように達成するかの手段に見解の違いはなかっただろうか。
・どの範囲の人・組織を巻き込んで達成しようとしているのか、その差異はなかっただろうか。
・Justice（社会倫理）への感覚の違いはなかっただろうか。

⑤ E.新たな機能モデル ⇔ イ.顧客・協働相手の反応

　ここでは、「自社で描いた新たな機能モデル」に対する「顧客・協働相手の反応」は、どのような認識の差異に起因するかを検討する。
・自社と顧客・協働相手で、個々の機能の設定は異なっていなかっただろうか。
・自社と顧客・協働相手で、機能間の関係性についての見解が異なっていなかっただろうか。
・自社と顧客・協働相手で、核となる機能の設定が異なっていなかっただろうか。

⑥　[F．具体化モデル] ⇔ [イ．顧客・協働相手の反応]

　ここでは、「自社で描いた具体化モデル」に対する「顧客・協働相手の反応」はどのような認識の差異に起因するかを検討する。
- 自社と顧客・協働相手では、具体化モデルに迎い入れる他の協働企業の選択は異なっていなかっただろうか。
- 自社と顧客・協働相手では、具体化モデルに迎い入れる他の協働企業のVRIO分析の評価は異なっていなかっただろうか。
- 自社と顧客・協働相手では、モノ、情報、お金の流れの設計で見解が異なっていなかっただろうか。

⑦　[G．商品構想] ⇔ [ウ．商品の購買状況]

　ここでは、「顧客・協働相手との創造した商品構想」に対する「その商品の購買状況」を検討する。
- 自社および顧客・協働相手の提供したコンセプトは、競争相手よりも顧客に受け入れられただろうか。
- 自社および顧客・協働相手の提供した価値（機能÷価格）は、競争相手よりも顧客に受け入れられただろうか。
- 自社および顧客・協働相手の展開した販促活動や販売チャネルは、競争相手よりも顧客に受け入れられただろうか。

5．比較のプロセスを導入する

　P．チェックランドは、構想（概念）の世界を現実に導入する手前で、概念・観念である意図的な活動のシステムと知覚した現実状況とを比較するプロセスを導入している。このプロセスで循環的な

● 第8章 ● ビジネス・モデルの構築と学習

■図表8-19　現実と構想の比較

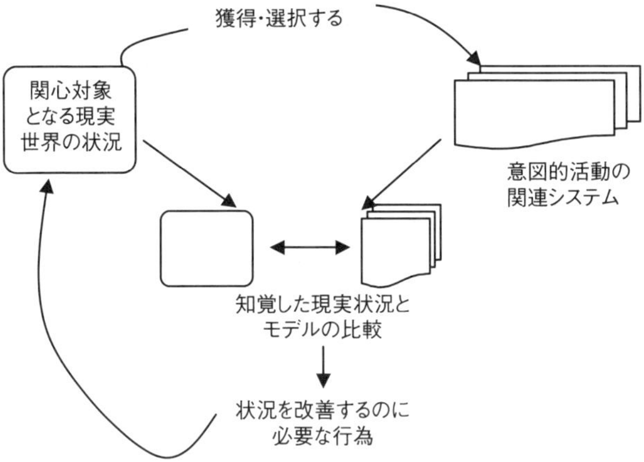

出所：P. チェックランド、J. スクールズ著／妹尾堅一郎監訳（1994）一部改変

学習システムを回すことを基本形として示している。

創造型マーケティングにおいても同様に、形成した機能モデルと現実との状況を比較するプロセスを導入すべきである。これにより、現実の世界に乖離したモデルをそのまま導入し、現実を混乱させる事態を和らげることができる。

学習を迅速に繰り返すことにより、創造にともなうリスクが軽減される。また、ビジネス・モデルと商品企画の成功確度を高めることが可能となる。その結果、大きな目的に早く近づけることになる。

創造型マーケティングを活用して、明日の人類の幸福の礎を築けるように正当な努力を積み重ねていきたいものである。

参考文献

- F・W・テーラー／上野陽一訳編(1969)『科学的管理法』産業能率短期大学出版部
- 小野桂之介, 根来龍之(2001)『経営戦略と企業革新』朝倉書店
- 下川浩一(1992)『世界自動車産業の興亡』講談社
- 榊原清則(2001)『経営学入門』日本経済新聞社
- 國領二郎(1999)『オープン・アーキテクチャ戦略』ダイヤモンド社
- ピーター・チェックランド, ジム・スクールズ／妹尾堅一郎監訳(1994)『ソフト・システムズ方法論』有斐閣
- 寺本義也, 岩崎尚人(2000)『ビジネスモデル革命』生産性出版
- ムハマド・ユヌス／猪熊弘子訳(2008)『貧困のない世界を創る』早川書房
- M・E・ポーター／土岐坤他訳(1982)『競争の戦略』ダイヤモンド社
- M・E・ポーター／土岐坤, 中辻萬治, 小野寺武夫訳(1985)『競争優位の戦略』ダイヤモンド社
- D・F・エーベル／石井淳蔵訳(1984)『事業の定義』千倉書房
- 伊丹敬之, 加護野忠男(2003)『ゼミナール経営学入門 第3版』日本経済新聞社
- G・ハメル, C・K・プラハラード／一条和生訳(1995)『コア・コンピタンス経営：大競争時代を勝ち抜く戦略』日本経済新聞社
- ムハマド・ユヌス／米倉誠一郎訳(2009)「グラミン銀行の軌跡と奇跡」、一橋大学イノベーション研究センター編『一橋ビジネスレビュー2009SUM』、東洋経済新報社
- ジェイ・B・バーニー／岡田正大訳(2003)『企業戦略論(上)』ダイヤモンド社
- H・I・アンゾフ／中村元一、黒田哲彦訳(1990)『最新 戦略経営』産能大学出版部
- ジェラルド・ナドラー, 日比野省三／海辺不二雄監訳(1997)『新・ブレイクスルー思考』ダイヤモンド社
- フィリップ・コトラー, ナンシー・リー／恩蔵直人監訳(2007)『社会的責任のマーケティング』東洋経済新報社
- 三宅隆之(2003)『社会的使命のマーケティング』中央経済社
- ピーター・センゲ／守部信之翻訳(1995)『最強組織の法則』徳間書店
- 嶋口充輝他(2001)『柔らかい企業戦略』角川書店
- 嶋口充輝他(2008)『マーケティング・アンビション思考』角川書店
- フィリップ・コトラー, ナンシー・リー／スカイライト・コンサルティング訳(2007)『社会が変わるマーケティング』英治出版
- フィリップ・コトラー, ディパック・ジェイン, スヴィート・マイアシンシー／恩蔵直人解説／有賀裕子訳(2002)『コトラー新・マーケティング原論』翔泳社
- Michihiro Esaki(2002)『ADVANCED PROJECT MANAGEMENT METHODOLOGY』ASI PRESS
- H・A・サイモン／松田武彦他訳(1965)『経営行動』ダイヤモンド社
- フィリップ・コトラー, ゲイリー・アームストロング／和田充夫, 青井倫一訳(1995)『新版 マーケティング原理』ダイヤモンド社
- 小倉昌男(1999)『経営学』日経BP社
- 野中郁次郎(1980)『経営管理』日本経済新聞社
- Kenneth Thomas, Marvin D. Dunnette editor(1976) "Conflict and conflict Management," 『Handbook of industrial and organizational psychologyr』Rand McNally College Pub
- A・D・チャンドラー Jr.／内田忠夫, 風間禎三郎訳(1970)『競争の戦略』ダイヤモンド社
- 三沢一文(1994)『創造マインド』講談社
- P・F・ドラッカー／上田惇生訳(2002)『ネクスト・ソサエティ』ダイヤモンド社
- ヘンリー・フォード／豊土栄訳(2000)『ヘンリー・フォード著作集(上)』三省堂
- ロバート・S・キャプラン, デビッド・P・ノートン／櫻井通晴監訳(2001)『キャプランとノートンの戦略バランスト・スコアカード』東洋経済新報社
- 野中郁次郎・竹内高弘著, 梅本勝博訳(1996)『知識創造企業』東洋経済新報社
- 産能大学総合研究所(1995)「SSMの応用研究」

索　引

【あ行】
新たな仕事の枠組み　86
衛生要因　33
HD－DVD　61
NGO（非政府組織）　40
NPO（民間非営利団体）　40
遠心力　54

【か行】
科学的管理法　10
課業　9
学習　72、193
革新的問題解決実践理論（TRIZ）
　　　　　　　　102、167
環境認識図　79
機能モデル　105、152
求心力　55
協働　53
具体化モデル　152、181
グラミン銀行　64
経営理念　57、94
経済のサービス化　26
KPI（重要業績指標）　142
コア・コンピタンス　97
貢献対象　85
購買行動基準　20
顧客志向のマーケティング　25
個人学習　72
コスト・リーダーシップ　117
コモディティ化　26
コンフリクト　52
コンフリクト解消の2次元モデル　53

【さ行】
作業研究　9
差別化　117

差別的出来高払制度　9
事業領域　107
時系列モデル　152、178
市場細分化基準　20
システミック　48
シナジー　115
社会志向のマーケティング　27
社会創り志向のマーケティング　42
集中　117
職能別職長制度　10
新結合　167
人口動態基準　20
新商品企画の進め方　22
心理的基準　20
SWOT分析　170
生産志向のマーケティング　24
成長の源泉　97、99
製品市場マトリクス　163
セグメント　20
セグメント・マーケティング　20
ゼネラル・モータース（GM）　14
全体構造図　143
戦略マップ　142
創造型問題解決　32
創造思考　30
創造マインド　49
ソーシャル・イノベーション　58
組織学習　72、193

【た行】
地理的基準　20
T型フォード　11
動機づけ－衛生理論　33
動機づけ要因　33
動作研究　9
洞察　50、78

205

独自性　49
独自のこだわり　97
ドメイン　107

【な行】
ネットワーク間競争　61
ネットワーク型組織　38
ネットワーク内競争　62

【は行】
バランス・スコアカード（BSC）　141
バリューチェイン（価値連鎖）　178
販売志向のマーケティング　25
PF（Problem Formulator®）　102
PMD手法　84
ビジネス・ダイアグラム（BD）　102
ビジネス・モデル　62、102
ビジョン　50、85、132
ピラミッド型組織　12
フォード社　11
VRIO分析　161
ブルーレイ　61
ブレイクスルー思考　84
フレキシブルSWOT　171

プロダクト・ポートフォリオ・マネジメント（PPM）　112
分析型問題解決　31
分析思考　7
ボストン・コンサルティング・グループ（BCG）　112

【ま行】
マーケティング活動のプロセス　22
マーケティング・ミックス　22
マインド・マップ　79
マス・マーケティング　12
ミッション　50、83、126
矛盾　121
モチベーション　49
モノ不足　41
問題解決　30

【や行】
要素還元主義　7
欲求段階説　32

【ら行】
リッチ・ピクチャー　79

執筆者紹介

●**安達隆男**（あだち たかお）

学校法人産業能率大学総合研究所 経営管理研究所 主幹研究員。
山形大学工学部卒業、多摩大学大学院 情報経営学科 情報経営学研究科修士課程修了。
特殊電線メーカー、コンサルティングファーム勤務を経て学校法人産業能率大学に入職。2008年度 産業能率大学マネジメント部 現代マネジメント学科（通信教育課程教授）。

●**蔵田　浩**（くらた ひろし）

学校法人産業能率大学総合研究所 総合研究所教授、経営管理研究所第3ソリューションセンター長。
早稲田大学商学部卒業、早稲田大学大学院社会科学研究科修士課程修了。
自動車メーカー勤務を経て学校法人産業能率大学に入職。

●**貴俵　洋**（きたわら よう）

学校法人産業能率大学総合研究所 セルフラーニングシステム開発部第1開発センター。
広島大学生物生産学部卒業、流通業勤務を経て学校法人産業能率大学に入職。

「SANNO マネジメントコンセプトシリーズ」について

"SANNOマネジメントコンセプトシリーズ"とは、マネジメントの総合教育・研究機関である（学）産業能率大学が、これまで研究活動とその実践で培ってきた（マネジメントの）諸テーマに関する理論（考え方）とその方法論について、実務に生かせる実践的ビジネス書としてまとめ、シリーズ化して刊行されたものです。

～お問い合わせ先～

（学）産業能率大学総合研究所　http://www.hj.sanno.ac.jp

＊本書の内容全般についてのご質問等は、下記のメールアドレス宛にお問い合わせ下さい。

E-Mail : webm@hj.sanno.ac.jp

＊具体的なコンサルティングについて、より詳細な内容等をご希望される場合は、下記宛にご連絡いただければ幸いです。

・普及事業本部　第３普及事業部　事業推進課
TEL 03-5758-5109

〔（学）産業能率大学総合研究所　普及事業本部〕

第１普及事業部（東京）	03-5758-5110
第２普及事業部（東京）	03-5758-5113
第３普及事業部（東京）	03-5758-5109
東日本事業部（東京）	03-5758-5115
東北事業センター（仙台）	022-265-5651
東日本事業センター（東京）	03-5200-1711
中部事業部（名古屋）	052-561-4550
西日本事業部（大阪）	06-6347-0321
中国事業センター（広島）	082-261-2411
九州事業センター（福岡）	092-716-1151

実践・創造型マーケティング
～顧客志向から社会創り志向への転換～

〈検印廃止〉

編著者	(学) 産業能率大学総合研究所 マーケティング研究プロジェクト	Ⓒ 2009, Printed in Japan.
発行者	萩原敏郎	
発行所	産業能率大学出版部	
	東京都世田谷区等々力 6-39-15　〒158-8630	
	（電話）03（6266）2400	
	（FAX）03（3211）1400	
	（振替口座）00100-2-112912	

2009 年 11 月 27 日　初版 1 刷発行

印刷所／渡辺印刷　製本所／協栄製本

（落丁・乱丁本はお取り替えいたします）　ISBN 978-4-382-05614-5
無断転載禁止